革命文獻與民國時期文獻
保護計劃

成果

革命文献与民国时期文献保护计划成果

民国时期

重庆电力股份有限公司档案汇编

第3辑

重庆市档案馆◎编

唐润明◎主编

學苑出版社

目　录

二、会议纪录（续）

目录

目录

二、会议纪录（续）

重庆电力股份有限公司董事会第五十次会议纪录（一九四〇年四月二十日） 0219-2-322

重慶電力股份有限公司董事會第五十次會議紀錄

時間 二十九年四月二十日下午二時

地點 曾家岩本公司辦事處

出席人

徐廣遲

王君韌 徐廣遲代

何北衡

浦心雅 沈笑春代

石体元
周季悔
刘航琛
胡仲实
康心之
潘昌猷 代

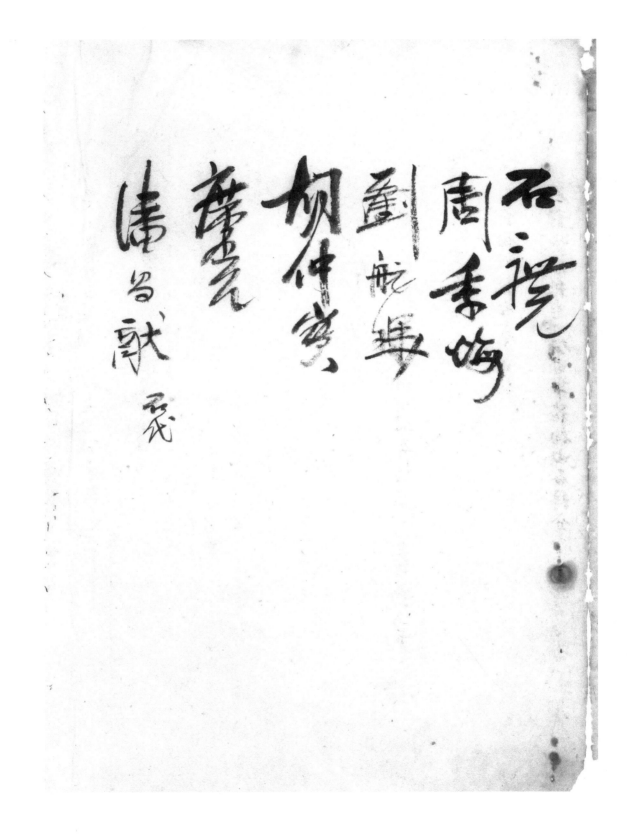

列席：袁科長玉麟　程科長本斌　朱科長小佛

張科長价　温總稽核之章

主席　石體元

紀錄　張若鼎

報告事項

一、歡迎傅協理就職

石代董事長報告　傅協理已於四月十八日到職視事

決議：全體歡迎

二、石前協理報告交代日期

石前協理報告　公司事務向由各科分掌無特別交代事件已將

往来印鑑通函改用傅協理私章所有兼理協理職務即於四月十八日解除如有經手未完事件仍當續負責任

決議：應予備查

三、報告三月份月報表

朱科長報告 本年三月份收支概况并說明純損理由

決議：查閱表報無訛存查

四、報告奉市政府令擬具節約供電辦法

石代董事長報告 市政府四月十八日召集有關機關討論委座手令指示規定日夜電氣節約供給案由經理部擬具辦法八項交程張兩科長携往出席并據報稱尚須經濟部市政府及本公

司再度會議決定辦法呈復

決議：下次會議由總協理親往出席就本公司所負責任

討論事項

一、討論擬發行公司債分償各種債務案

石代董事長報告 本公司舊債一百二十萬新借款壹百萬已經用盡上比期又借債十餘萬元預計儲存燃煤安利材料昆明銅線等項開支又近百萬元不便再向銀行借款不得已擬發行公司債伍百萬除償還新舊債務外餘款作為上項開支及新舊設備之需

周季悔 最近中央撥款四萬萬元為有關國防之工業貸款如公司債手續遲緩可先請求工貸以濟急需

決議：發行公司債原則通過由經理部與國家銀行洽辦承售方法報由董

事會决定同時並由經理部接洽工貸事項

二、討論兵工署商請讓售楊家沱土地案

石代董事長報告　兵工署數度派員商請讓售楊家沱土地查該項地皮約計一萬八九千方丈原備本公司分廠址之需嗣以改在南岸設廠未用該署一再請求讓售究竟如何辦法，敬祈　公決

決議：公司自有需要絕對不能讓售并呈經濟部核定該處為新購機鍋之廠址并派測量繪圖準備建設工作

三、討論添訂鍋爐房出灰機案

傅協理報告　按柏葛開來估價單三部出灰機共為四千一百磅價及工作效率及機器安全與能力應該購置又經濟部最近派員與長沙電廠購買

該廠7500電機運渝設廠該部私人表示將來要本公司加入股本云云查此機亦合本公司使用索價伍萬磅應否購買如何辦理請 公決

決議：併入第四案討論

四、討論添購大批材料案

程總工程師報告 本公司應添購變壓器九十個高壓線三相五十英里及磁瓶木桿鉄脚風雨線膠皮線等項是否全購或添購一部份請 公決

決議：三四兩案及長沙電廠電機案提推經理部擬具詳細辦法再提會審議

主席 石體元

重庆电力股份有限公司临时董事会议纪录（一九四〇年五月十一日）　0219-2-322

5

重慶電力股份有限公司臨時董事會議紀錄

時間　二十九年五月十一日上午十時

地點　曾家岩誠實山莊本公司辦事處

出席人

劉航琛

康心如

潘益民

潤[illegible][illegible]

馮一飛

章[illegible][illegible]都

周季梅 章代

石攬

李慕叁 潘益民代

徐廣遲

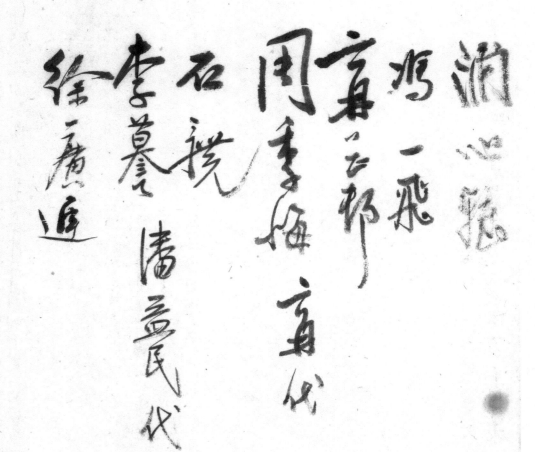

王君毅 徐肅遠代

胡仲实

列席：傅協理　程總工程師　陳主任秘書

朱科長　張科長　温總稽核

主席：石代董事長

紀錄：張君鼎

討論事項

一　擬改訂本公司組織案

理由：劉總經理說明：本公司内部組織經兩星期之考察商討覺有改訂

之必要爰新擬一組織系統係將各科之管轄量予移動或減削裁去購料委員會增設人事委員會由董事一人領導調各級人員輔助爲人事設計考核及審定戰時津貼組織是否可行應請董事會審議如以爲可行並請許可先行發表次再編擬組織規程提請核定

決議：照所擬組織表實行組織規程容後擬定提會討論并推定康常務董事心如爲人事委員會領導人即請康董事核派人員組織

二　本公司經濟問題

理由：：劉擬經理說明：預計本公司每月收支相抵當感不足而應行準備材料及添購機器需款至鉅近借債款到手輒盡特擬具體計劃分述如下：

一、屬於維持範圍者：擬於加股或公司債未辦妥前向四聯總處暫行借款以作添購材料之準備。二、屬於擴充範圍者：工礦調整處曾表示該處擬將長沙電廠機器移渝安裝與本公司合作供電，此事與電氣營業權有關，本公司應自行擴充設備，惟所需款項即發公司債仍感不敷，擬增加股本以應此需要，可否召集臨時股東會解決增資及公司債辦法，請 公決。

決議：借款、公司債或加股由經理部先行接洽，使有端緒再提交董事會決定。至擴充設備費、經常維持費及意外維持費應分別擬具計劃及概算，於下次董事會提出，經常及意外維持費應估計至民國三十年年底。

三、職工戰時待遇辦法案

決議：交人事委員會處理

四 二十八年度職工考績辦法

決議：交人事委員會處理

五 改訂本公司會計規程案

理由：劉總經理說明：本公司發展迅速且未料有今日之轟炸 所訂會計規程不合時代需要擬請改訂可否請 公決

決議：先行着手整理會計辦法實行後一面再詳擬規程送會討論決定

主席 石體元

散會：十二時五十分

重慶電力股份有限公司第五十一次董事會決議錄

時間：二十九年六月二十日午后三時

地點：大溪別墅六號本公司

出席：

胡仲實　[illegible]代

甯芷邨

[illegible]飛

康心遠

何北衡

康心如 劉航琛代

劉航琛

列席 陳主任秘書銘德

朱科長小佛

主席 浦心雅

紀錄 張君鼎

討論事項

一　本公司續向四行借款壹百萬元案

理由　由劉總經理説明　本公司南岸分廠在洪水期間不便停船應購儲燃煤六千噸大溪溝廠房一千餘噸又添購銅線及線路器材卡車以期迅速修復被炸線路此外最近收入殊少到期應付遞四行借款本息總計約需款壹百萬元前擬以本公司庫存材料價值壹百弍拾餘萬元向四行續借壹百萬元用便支拂

又應附帶報告者本公司運到海防材料約有六百噸需車兆四十輛經託人交涉鐵路局允許撥車原有駐防辦事人員不敷

分配擬加易工程師宗樸飛往主持材料起運可做押匯

以上兩項是否有當敬候 公決

決議 照辦由經理部負責執行

二 本公司應否投資開採煤礦事業解決燃煤案

理由 由劉總經理說明 本公司支出以燃煤為大宗現在每日需用燃煤二百二十噸至二百四十噸將来新機運到需煤更多兹有益三公司在北川鉄路附近開有煤洞兩處每日產煤一百二十噸供給水泥公司鍋爐之用現益三公司願將礦權設備估價作為資本伍拾萬元由本公司投資本數計弍拾伍萬元雙方各推代表五人代表新公司股權遴選礦冶工程師一人先往產地

視察是否有當敬候　公决

決議　投資半數計弍拾伍萬元推徐廣遲浦心雅胡仲實甯芷邨傅友周五人為本公司股權代表由總經理遴派礦冶工程師一人前往視察

三　本公司應向經濟部説明電價概況案

理由　由劉總經理説明　本公司電價太低電燈電力之平均發電成本為二角一分七厘而每度平均售價僅為一角四分七厘因合同電力有低至九分以下者若不亟謀補救不到明年四月本公司資本已虧蝕淨盡現擬向經濟部説明詳情造具電價概算表及電度成本統計表除由本公司備文呈送請作加價

參攷材料外請各董事分頭接洽

決議

應向經濟部說明電價概況并將此項文件印送各董事參攷作為接洽根據

主席 浦心雅

重慶電力股份有限公司第五十二次董事會決議錄

時間 二十九年七月十九日下午五時

地點 大溪别墅六號本公司

出席 周季悔 康心如（劉代） 甯芷邨 劉航琛 王君韌（徐代） 徐廣遲 李慕 浦心雅 潘益民（潘益民代）

主席　潘益民

紀錄　張若鼎

報告事項

一、報告本公司向政府接洽加價售賣或出租案

理由　劉總經理說明　由於（一）煤價高漲，自每噸八元增至六十八元（二）折舊關係，原定每月提存折舊貳萬餘元，期滿之日以折舊準備金可購入新件補充，茲以物價上漲，照原來折舊率提存準備金不足以添補新機，故折舊率不變，將資產按市價計算提存折舊準備金，計每月為貳拾貳萬餘元（三）轟炸損失，去年為四十餘萬元，本年決不止此數，本公司非設特別辦法不能維持，前日間接向政府中人談及

三點甲照現行電價增加百分之一百二十乙照現在市價將公司財產出售而出租每年只取租金四十萬元推折為準備應照每月貳拾貳萬、餘元攤提指定機關保管如換置新機而有餘即以之捐輸政府商洽結果仍以加價為宜已遵照備文呈請希望各董事分別活動早日

照加

決議　無異議

二　本公司線路保兵險案

理由　劉總經理說明　本公司總廠投保兵險叁百萬元分廠兩百萬元現擬投保線路兵險伍百萬元如何辦理敬候　公決

決議　請潘董事催辦（往來文件抄送）

三 本公司奉命拆移四千五百瓩機鑪壹部案

理由

劉懋修經理說明 六月二十七日本公司奉經濟部市政府命令拆卸四千五百瓩電機鍋爐各壹部移置岩洞内奉命之次日開始拆卸月底可望拆完存放在民憲輪上其次尋覓地點開鑿山洞或山溝裝置發電約需肆百萬至伍百萬元已呈請當局(一)全部補助此項費用(二)請介紹借款以附加電費歸還

決議

照辦如兩辦法俱不得請公司因無若大資力決議不自行在山洞内安裝

四 報告人事委員會通過職工戰時津貼案

理由

本會設置之人事委員會決議職工戰時津貼分為六十元五十元三十元二十元四級曾錄案函達各董事并承函復贊同在案并以茶役顧警

津貼弍拾元實屬微薄擬請酌量照小工待遇每月改為叁十元可否乞 公決

決議 津貼辦法適過甚茶役頗警戰時津貼改為每月叁拾元

五 購買本公司辦公地址案

理由 劉總經理說明 本公司尚無辦公地址工作不便擬購買四象街三十七號房屋全幢為本公司辦公處請 公決

決議 照購并推甯徐兩董事前往踏勘估價

六 今後本公司與各董事如何聯絡案

理由 劉總經理說明 在轟炸期間董事會集會不易并擬用書面報告五天一次內容包括會計人事文書三種俾各董監費極少精神時間可以明瞭本公司情形

决议　无异议

散会　七时三十分

主席　潘益民

14

重慶電力股份有限公司第五十三次董事會決議錄

時間 二十九年九月二十日下午四時

地點 大溪別墅六號本公司

出席

潘益民

李葛含 潘益民代

淮一飛

徐廣遲

王君韌 徐廣遲代

康心如

主席　康心如

紀錄　張君鼎

報告事項

一　七八月份收支狀况案

決議　查閱表報無訛存查

二　投保外線兵險經過案

劉總經理報告　本公司外綫投保兵險叁百伍拾萬元自本月十七日起由中央

信託局承保賠償辦法該局僅允照本公司所開單價百分之幾十賠償現向該局交涉仍照原列單價賠償如果全部炸燬其賠償數目以叁百伍拾萬元為限

決議　無異議

三　移裝機器鍋爐經過案

劉總經理報告　本公司於六月二十七日奉委員長手令拆卸四千五百匹機器鍋爐各一部目前存放民生公司輪船上現向兵工署交涉讓出鵝公岩山洞兩個暫行存放在山洞內至安裝費用估計需款陸百數十萬元已於八月二十一日呈請經濟部全數補助

決議　無異議

四　呈請加價經過案

劉總經理報告　本公司於八月四日開始向經濟部作第二次加價請求并已奉到批示自九月起增加

決議　遵照實行

五　被炸損失案

劉總經理報告　本公司自本年五月二十六日起至八月二十日止已經查明被炸損失甲、供電設備壹百陸拾伍萬捌千零叁拾陸元玖角叁分乙、用電設備伍拾貳萬柒千壹百玖拾叁元貳角捌分丙、材料肆千零貳拾元零肆角貳分三項合計為貳百壹拾捌萬玖千貳百伍拾元零伍角玖分

決議　查核表報無訛存查

臨時報告

16

一　本公司恢復被炸線路案

劉總經理報告　本公司被炸綫路損失已呈請經濟部補助貳百萬元如其獲准已撥線路必需恢復所需銅線應先為購備如何辦理請　公決

決議　用本公司名義向四聯總處借銅綫款壹百萬元以中央電工器材廠定單及收據作抵分四次定貨四次交款

二　本公司竊電取締組成立經過案

劉總經理報告　本公司竊電取締組奉令組織由衛戍總司令部介紹王康生為副組長業已成立辦公月需經費壹千餘元

決議　無異議

三　成立稽核室經過案

劉總經理報告　稽核室主任原由傅協理兼任現傅協理堅決請辭擬以劉静之為主任另調高級工程人員一人為副主任

決議　無異議

四　催收電費案

劉總經理報告　本公司應收電費因炸燬關係達百萬左右現正積極清查於稽核室下設催收股辦理并擬增加收費員十人

決議　無異議

討論事項

一　傅協理辭職案

劉總經理報告　傅協理以轟炸關係不便住城辦公堅決辭職如何處理敬候

公决
决议　傅协理准辞由总工程师程本臧兼代
二　审查经理室拟订职工学校宿舍暂行规则案
决议　照原案通过
三　审查经理室拟订职工出勤津贴案
决议　照原案通过
四　经理室提议规定职工被炸损失经过案
决议　津贴改为救济费参照二十九年七月九日国府公布行政院阳振字第一五六三二号训令颁发修正中央公务员雇员公役遭受空袭损害暂行救济办法第七九十四各条由经理室拟办于下次董事会提出报

告

五 增加職工戰時津貼案

決議 依照人事委員會決議以物價指數百分之五百為標準以現行津貼為基礎其差額在五十以內不增減超過五十者由人事委員會康主任委員決定增減之如指數表達到應准依期補加或補發

六時散會

主席 康心如

18

重慶電力股份有限公司第五十四次董事會決議錄

時間 二十九年十月二十一日下午四時

地點 大溪別墅六號本公司

出席：

李奎安 潘益民代

潘益民

胡仲實

浦心雅

王君韌

徐廣遲 王君韌代

康心如 浦心雅代

石体元 胡仲代

劉航琛 胡代

列席 程代協理

主席 浦心雅

紀錄 張君鼎

報告事項

一 九月份收支概況案

決議 查閲表報無訛存查

二 修改職工車費膳費津貼案

決議 無異議

三 修改稽核室暫行組織規程案

決議 無異議

四 投保兵險及平安險經過案

程代協理報告 本公司投保兵險總額為壹千伍百萬元有奇除電表接戶材料兵險叁百萬手續尚未辦妥外其餘均已保妥最近每月保費為玖萬餘元平安險保額已增至壹千捌百餘萬元並改由中央信託局中國太平興

華分保本需保險費四萬數千元

決議 無異議兵險出險撥向中央信託局索取賠款如有延緩等情可委託華西公司保險組代辦以期迅捷

五 空襲損失案

程代協理報告 自本年五月份起至九月十六日止供電用電材料未保兵險前之空襲被炸損失其查明者為貳百陸拾貳萬貳千四百陸拾叁元四角壹分並請政府補助貳百萬元已保兵險部份之損失尚在交涉賠款中

決議 無異議

六 本月十七日總廠被炸情形及修理經過案

程代協理報告 本月十七日空襲總廠之旁直接中彈四枚損失至鉅尤以

20

昇高變壓器炸壞修理需時南岸銅元局一帶及沙坪壩江北一部份須至月底方有恢復供電希望全部損失正在清查中查後續報

決議　無異議

七　經濟部核准增加電表保証金及接電校驗等費案

決議　遵照實行

八　鵝公岩發電廠案

程代協理報告　擬廠四千五百瓩電機移裝山洞內之建築安裝預算為壹千萬元餘由經濟部核減為陸百萬元呈請行政院補助肆百萬元另由銀行借款弍百萬元將來附加電費償還業經行政院批准經濟部曾召集有關各機關代表會商進行辦法會議未了即遇警報尚無結果

決議　俟經濟部決定辦法後報會備查

九、人事進退報告

程代協理報告　新任會計科々長黃大庸於本月七日到職最近添用技術員二人科員十四人見習生二人辭退辦事員三人

決議　向總理部建議如高級人員不敷各科不妨添設副科長一人

討論事項

一、租用龍章紙廠發電案

程代協理說明　奉經濟部令租用龍章紙廠發電機供給貓兒石一帶用戶直接費用由本公司負擔間接費用原議每月租金壹萬貳千元嗣時本公司以此種貸電辦法每月損失貳萬餘元故未簽約最近經濟部限

期於本月二十日先行貸電再議會同衹有遵辦惟龍章竟要求本公司負擔租金每月壹萬五千元兵險費每月七千餘元超過原議數額至鉅如何辦理敬祈 公決

決議 不利用龍章電力而賺錢亦不應利用龍章電力而賠本本此原則由經理部向經濟部商談

二 建築辦公室及宿舍案

程式協理說明 本公司房屋多係租佃邇來大都被炸最近擬具沙坪壩辦事處房屋建築工程預算約計五萬八千餘元又租佃川鹽銀行會仙橋地皮一段擬建築宿舍又擬購買白象街地皮一段建築辦公室可否祈 公決

決議 沙坪壩房屋即照所擬計劃建築白象街會仙橋兩處一面動工

一面擬具計劃提會審議

三 職工警衛公役因公受傷待遇規程案

四 職工警衛公役遭受空襲損失暫行救濟規則案

決議 三四兩案併交潘益民董事審查在朱公佈以前得先行借支救濟費

五 節約儲金案

決議 認購十萬須繳六萬餘由公司墊付股東擔任四萬按股分派作息餘由職工負擔按薪工分派分期扣還

主席 潘 (簽名)

22

重慶電力股份有限公司第五十五次董事會決議錄

時間　三十年一月二十日下午四鐘

地點　大溪別墅六號本公司

出席：

周季悔

寗芷邨

尹志陶

浦心雅 沈笑春代

田也青

劉航琛

康心如 劉代

石體元 壽代

胡仲實 劉代

23

列席　程協理

黄科長

張科長

主席　甯芷邨

紀錄　張君鼎

討論事項

一、本會計年度決算案

劉總經理說明　本案應改為報告案因今日輪渡公共汽車自來

水及電力等四公司商議擬組織公用事業聯合會共同商討今後

定價附加辦法定有署宴請各主管機關首長如各長官認為資產增值可免徵各項稅捐則將資產增值改組增資使舊股東不致太吃虧

黄科長報告　本會計年度結賬有三個問題亟待解決(一)折舊應如何處理(二)補助費收入應如何處理(三)暫支空襲救濟費應如何處理

決議　(一)折舊率仍照往年成例辦理(二)補助費收入作為收益(三)空襲救濟費作為開支

二、空襲救濟費案

決議　照第一案第三項辦理

三、二十九年度職工年終獎金案

24

劉總經理說明　二十八年度公司雖虧折職工仍各得獎金二月二十九年度雖虧折較鉅職工在空襲時期內努力搶救維持工作亦較勞苦政府迭賜獎金本公司亦當表示如何給獎敬候公決

決議　照二十八年度辦理職工各給獎金二月以薪工為限

四、三十年職工加薪案

劉總經理說明　公司雖有職工戰時津貼之規定是項津貼係以普通生活所需為標準自總經理至小工雖有差額為數甚少高薪職工以地位關係得惠較少津貼又未能按照薪給比例增加可否自三十年起規定支薪辦法按照薪給增支百分之四十或五十以資調劑

決議 按照薪給增支百分之五十年終考績加薪進級另案辦理惟須嚴加攷核

五、存英存港存防材料處置案

劉總經理說明 本公司運存香港海防鍋爐及其他材料有放置露天者經久銹壞鍋爐太重汽車不能載運茲擬(一)存港存防鍋爐全部出售(二)存防材料全部出售存英存港材料設法運入

決議 無異議

六、決定三十年股東會議日期案

決議 二月二十五日(星期二)下午二時假川康銀行召開第五屆股東大會

25

六時散會

主席 蒋中正

26

重慶電力股份有限公司第五十六次董事會決議錄

時間 三十年二月二十日下午四鐘

地點 大溪别墅六號本公司

出席：

周見三 李 暮（潘昌猷代）
徐廣遲 潘益民
浦心雅 沈（芷芳代）

王君韧
寿墨卿
石[illegible]揆
周季梅
尹志陶
尹国墉 徐广迟代

列席：协　理　程本臧
　　　总务科长　朱小佛
　　　会计科长　黄大庸

主席：石体元

纪錄 關傳雲

報告事項

一 黄科長報告一月份會計月報

決議 查閲表報無訛存查

一 報告請求政府補助轟炸損失經過

程協理報告公司於二十九年九月十九日呈經濟部及工礦調整處請求補助轟炸損失二百萬元十月七日呈財政部請在補助費未經批准前轉請四聯先行借款二百萬元十月八日奉財部批令將移機補助費及轟炸補助費兩案併為一案飭逕向四聯先借二百萬元借

款於二十九年十二月中全部領到經濟部於十二月七日始召集有關機關商討補助公司轟炸損失案到財政部內政部工礦調整處市政府代表公司由本職出席說明討論時退席嗣後開會數次本職又列席備諮詢一次據經濟部張司長云會議尚未結束惟已通過准向四聯借款二百萬元歸還前次移用鵝公岩借款此即公司請求政府補助轟炸損失之經過也

決議　無異議

一　報告請求調整電價經過

決議　此案改用書面報告

28

討論事項

一 討論二月廿五日股東會議程案

決議 一 摇鈴開會

二 行禮如儀

三 公推主席

四 主席報告到會股東户數及權數

五 主席報告開會理由

六 總協理報告二十九年度營業狀況及本屆決算情形

七 監察人報告審查二十九年度決算書

八　改選監察人

九　臨時動議

十　散會

一　討論公司財產增值問題

決議　此案保留俟下屆董事會討論

臨時提議

一　增加各董監輿馬費案

決議　自三十年一月份起董事長輿馬費擬每月改為三百元常務董事二百元董事監察一百元報告股東會通過後實行

29

五時五十分散會

主席石競

30

重慶電力股份有限公司臨時董事會議紀錄

時間：三十年三月三日下午四時

地點：川康銀行三樓

出席人

周見三

石[illegible]

徐廣遲

王君韌

王君韌

浦心雅 沈笑春代

刘航琛

康心如 刘航琛代

石竹轩

寿芝卿

周季悔

尹志陶

潘益民

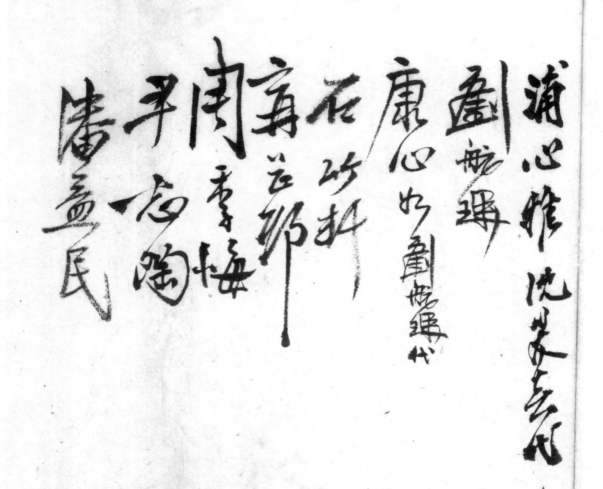

31

列席：黄科长大庸
　　　张科长玠
主席：石代董事长體元
纪录：張君鼎

報告事項

一、請求政府增加電價案

劉總經理說明　本公司現行電價不够成本以致每月虧蝕甚巨前由本市自來水公共汽車輪渡三公司及本公司聯合組織公用事業聯合會請求政府設立評價委員會按月評議四公司價格已蒙當局同意惟行政院最近組設有

一經濟會議（議長即為蔣委員長）各公用事業之評價辦法須向其陳述經核准後方能生效總經理自應負責逕往請求第為發生效力之敏速計擬請各董監廣為宣傳公司折本真象非調整電價不能圖存情形或直接或間接分別達於經濟會議以求貫澈所需各項資料由公司印送各董監查閱

決議：照辦

討論事項

一、本公司資產增值案

劉總經理說明　本公司現有各項資產照現在購價匯

32

價運輸製造工料總計超出四千萬元以上此次股東大會通過增值加股原則交由本會辦理究應增值為若干萬元似宜先將數目確定以便轉向當局陳請核定依照現有資產約為原有股額之九倍惟經濟部對於本公司提存折舊準備批准辦法係將現有折舊率增加四倍計算連帶原有基本數目共為五倍如比照增值為二千五百萬元似較有根據易邀允准酌留半數為新舊股東之共同權利募股亦較容易究應增為二千五百萬或照現有資產實值計算請　公決

決議：照五倍增值為國幣二千五百萬元

二、兼職辦公費案

劉總經理説明　本公司職員除照原定薪額開支外復有生活津貼之補助現各科股間有缺額擬以同級職員兼辦只支原薪以作兼職之津貼可節省生活津貼之開支望本會允許此種變通辦法各科股職員即由總經理負責辦理惟現在協理一職係由總工程師兼代已久可否照此辦法或另議津貼辦公費之處未便置議應請由會公決

決議：總經理月支辦公費五百元協理月支辦公費四百元程協理自就職日起每月照支辦公費不另支薪其他兼職職員照總經理所提辦法施行

33

主席石瑛

重庆电力股份有限公司第五十七次董事会决议录（一九四一年三月二十日） 0219-2-322

34

重慶電力股份有限公司第五十七次董事會決議錄

時間　三十年三月二十日下午四鐘

地點　川康銀行三樓

出席人：

康心如

周見三

潘益民

甯芷邨

周季梅　甯芷邨代

徐廣遲

王君韌　王君韌代

劉航琛

浦心雅　沈笑紅代

尹志陶

列席：程協理本臧

黄科長大庸

35

主席 潘益民

紀錄 張君鼎

報告事項

一、報告二月份會計月報案

決議 查閱表報無訛存查

討論事項

一、出售水巷子地皮案

劉總經理說明 本公司前在水巷子圈購地皮四方丈建築分電站嗣因計劃變更無設立分電站之必要茲有和成銀行願出價壹萬元請本公司分讓可否請衆公决

決議

最低價壹萬伍仟元由經理部洽賣

二、前收費股主辛卓夫交代案

劉總經理說明　前收費股主任辛卓夫交代時短少公款拾壹萬餘元經迭次派員查賬結果其中有兩筆一為肆萬肆仟餘元一為二萬餘元尚須清查前劉靜之科長任內前手收費股主任李勲移交案已函劉前科長科李前主任到公司複查即此兩筆能填補差額辛卓夫仍須負四萬元以上之責任查以往公司收費辦法殊欠妥善失票錯誤等事在所難免應如何處理請公決

決議

全數飭賠以杜後患

三、審議職工出差旅費規則案

36

决議
原则通過交劉航琛周見三两董事審查以平時物價為標準規定數目其戰時支付計算辦法由董事會按月核議決定

主席 潘益民

重慶電力股份有限公司第五十八次董事會決議錄

時間 三十年四月二十一日下午三鐘

地點 川康銀行二樓

出席人：

石竹軒

何說岩 劉代

劉航琛

浦心雅 沈笑春代

石體元

王君韌代

徐廣遲

王君韌

康心如 劉代

尹志陶

潘益民

列席：程協理本藏

黃科長大庸

主席：石代董事長體元

紀錄：張君鼎

報告事項

一 報告三月份收支概況案

決議 查閱表報無訛存查

臨時報告事項

一 本公司開源節流案

劉總經理報告 開源方面電燈電價已由經濟部規定分級計算方法呈行政院核辦分級電價係以每一安培（指用户所裝電表之安培數）每月用電五度為限超過五度其超過數以一倍半收費超過十度其超過數以二倍收費基本電價不動基本電價之增加尚在請求中電力部份因

影響兵工署各廠預算辦理匪易已分向各機關主管長官詳陳困苦情形懇求增加首得何部長同意允予維持請各董監有機會時分別向院部陳述合力進行業務方面自收費抄表方法改革後已有相當成效每月收入已增加今後欠費呆賬可大減少其次節流方面公司每年所耗燃煤材料及其用品多至數百萬元自不應忽視關於工務料之預算領用報銷總務料之購置收發保管等辦法均已在整頓中值此非常時期管理尤非周密不可最近發覺弊竇數起正在查究中

決議：由各董監分別向行政院軍政部説明電力加價理

由請其早日核准照加

討論事項

一審議購買及處理材料暫行規則

決議：暫行規則原則通過暫照實行推王董事君肅審查修正提出下次董事會通過至購料委員會組織規程修正第二條通過（附規程一份）

臨時動議

一編印二十八九年簡明年報案

決議：分二十八年一月起至五月及五月至十二月二十九年一月至八月及八月至十二月三十年一月起為五期由經

濟部份分別編製簡明報告送陳各董監

一、白象街及大溪別墅辦公室租金案

石代董事長說明　本年股東會決議交由董事會議定白象街及大溪別墅辦公室租金一案其數目究應如何規定請　公決

決議：白象街辦公室租金每月叁千元計用兩月應付陸千元大溪別墅辦公室租金每月壹千伍百元自移住之日起補付

主席石[illegible]

40

重慶電力股份有限公司第五十九次董事會決議錄

時間 三十年八月二十日下午四時

地點 川康銀行二樓

出席人：

尹志陶

周季悔

甯芷邨 周季悔代

徐廣遲

康心如 周見三代

周見三

潘昌猷

列席 程協理本臧
黄科長大庸
主席 周見三
紀錄 張居鼎
報告事項
(一)報告四五兩月份收支概况案
決議 查閱表報無訛存查
(二)報告加價案經過
程協理說明：本年呈請增加電價已由經濟部核定並於六月起實行新電價(一)電灯每月每安培用電在十度以下者每度

一元二角超過十度而在二十度以下者其超過度数每度一元五角超過二十度者其超過度数每度二元(二)電力每度一律七角煤價以每噸一百六十元為計算標準每變動五元電價每度隨之增減一分一厘(三)普通電熱每度一律二元雖未達到公司所要求之電灯價每度一元五角電力平均價每度九角之目的本年或可不致虧損兹造就公司呈部及部核定之收支預算對照表備董事會參考

決議　無異議

(三)、報告請求政府補助二十九年度轟炸損失二百萬元案

程協理：　本公司二十九年度轟炸損失為二百萬叁十餘萬

元曾経分别呈請経財兩部補助損失二百萬元行政院以政府已補助公司還建鉅款批駁未准現継續向経財兩部呈請由劉總経理函向孔院長請求尚有獲准之望

決議　継續請求以達到補助二百萬元為目的

（四）本公司資產增值案

程協理說明：本公司呈請財部將原有股本五百萬唯予增值為二千五百萬元並免收各項捐稅現正由財部核辦中

（五）兵險賠款案

程協理說明：公司全部資產向中央信託局投保兵險後每次被炸損失估計廢料作價辦理甚為麻煩致須

经過極久時間方能領到賠款竟有事隔數月尚未解決者如去年十月本公司大溪溝廠房被炸因賠款數額較鉅迄今尚未領到此案現已由雙方同意由经濟部仲裁去年綫路被炸賠款均已領到本年被炸賠款因廢料作價问題方商妥辦法不久可能解決

決議　與中央信託局交涉今後被炸若干日內應將賠款理楚

（六）報告還建工程近况案

程協理說明：還建工程正在趕工建築鍋爐機器兩洞均已完成現已開始做機器底脚如材料不生问題明年

三月可以完工發電經濟部原定該處工程費為三百二十萬元不敷甚鉅已呈請追加預算至五百三十萬元

決議 無異議

（七）報告二十九年度考績案

程協理說明：第五十五次董事會議決自二十九年度一月份起職工一例每月加支薪工百分之五十其餘考績優異者再酌量增加薪資業已辦理竣事提請董事會追認職員分甲乙丙丁四等甲等加薪二級乙等加薪一級丙等不加丁等停職四科科長兩室主任各月支辦公費二百元三辦事處主任各科副科長兩廠主任各月支辦公費一百八十元工人亦分甲乙丙丁四等甲等按工加

五角幫工加三角五分學徒小工加二角五分乙等技工加三角五分幫工加二角五分學徒小工加二角丙等不加丁等視本年工作情形再奪

決議　由經理部列表送董事會備查

主席　周見三

重庆电力股份有限公司第六十次董事会决议录（一九四一年九月二十日）　0219-2-322

重慶電力股份有限公司第六十次董事會決議錄

時間　三十年九月二十日下午三時

地點　川康銀行

出席人

周見三

席文光

石竹軒　席文光代

何說岩

劉航琛
寧芷邨
周季悔
康心如
胡仲實
石體元

徐廣遲 周季悔代

尹志陶 王履冰代

潘益民

浦心雅 沈[illegible]代

列席 程協理本誠

主席 周見三

纪錄 張君鼎

報告事項

一、報告六七月份會計月報案

決議 查閱表報無訛存查

二、報告二十九年度考績案

劉總經理說明：本公司二十九年度考績加薪辦法已於上屆董事會通過職員特等九人增月薪五百捌拾弍元甲等六十九人增月薪一千五百一十三元五角乙等六十九人增月薪七百九十九元五角總計增月薪二千八百九十五元工人特等十八人增加日資八元二角甲等二百四十五人增加日資七十四元一角乙等二百零五人增加日資四十二元一角

五分丙等二十五人增加日資一元二角五分（原日資有零數者改爲整數並非加薪）役警特等五人增加工資四十五元甲等三十六人增加工資一百六十二元乙等二十三人增加工資六十九元連同增支百分之五十每月增加工資總額約六千元

綜計薪工合計每月增加開支約計九千元

決議　備查總經理協理薪金應由董事會決定總經理劉航琛加薪二級並加辦公費壹百元協理兼總工程師程本臧加加新四級並加辦公費壹百元均自三十年一月份起支

三、報告軍政府撥發轟炸損失費案

劉總理說明：本公司於去年九月呈請經財兩部補助轟炸損

失費弍佰萬元經濟部數次召集有關機關會議討論認為可
撥自來水廠例酌予補助乃行政院因已補助公司還建鉅款
雖經公司再三呈請未蒙批准
本年八月行政院因本年空襲損失甚重自動撥發水電兩廠
緊急救濟費一百萬元已如數領到最近復向孔副院長請求核
發去年轟炸損失補助費二百萬當蒙面允旋奉行政院通知
前已撥一百萬元已飭財部再撥一百萬因尚未接到財部通知未領到
自來水公司去年得補助費六十萬元本年得一百萬元本公司損失
遠較自來水公司為鉅已批准之二百萬照第一次行政院通知內中
一百萬係本年救濟費照第二次通知二百萬全係去年補助費擬再

呈經財兩部懇請補助足額

惟孔副院長認為公司准保兵險金額較自來水公司為高所受損失已由兵險賠款補償一部份不能再撥補助費事實上公司投保兵險亦並不足額見孔院長時當面加解釋冀能達到目的於萬一

決議　無異議

討論事項

一、修改職工戰時津貼案

劉總經理說明：本公司戰時津貼自二十九年五月份起改訂後業經一載有餘其間物價變動至鉅尤以食米為甚為安定職工生活計擬重行改訂分戰時津貼為米貼及一般津貼為兩種

（一）米貼按二斗五升（市斗）官價計算職工一律待遇（二）一般津貼以二十九年五月份所定之基本津貼除去當時二斗五升食米之官價（平均約七元）作為一般津貼之基本數即

職員津貼六十元減去七元為五十三元

見習生技工津貼五十元減去七元為四十三元

小工警役津貼為三十元減去七元為二十三元

以七月份新辦法較原規定每月增加支出約三萬元

決議　通過并自本年七月份起實行

二　請追認職工房貼及電費津貼案

劉總經理說明：本公司原有職工宿舍所費租金既鉅煤水消耗

廚役薪工宿舍用具等項所費亦屬不貲合計每月耗費達三萬數千元而享受者僅屬少數住宿人員不能普遍惠及全体職工實屬不當自本年五月一日起職工宿舍一律取消職工改支房貼及電費津貼當時規定辦法八項因亟須整頓未提請董事會通過後實行先行試辦試辦後每月開支約式萬數千元不但開支減省且減少管理上之麻煩茲請董事會商決擬定辦法八項可否准予實施

一、職員一人每月由公司發給宿費三十元見習生技工每月二十元小工公役每月十元

二、上項規定以生活指数一千一百為準以後如指数增加壹百

宿費即增加十分之一
三、廠警應住廠房內不給宿費
四、住宿于公司房舍之職工應繳回宿費十分之七
五、由公司臨時派出工作之員工其在被派工作地點之宿費由公司担任
六、職員住宿地點電灯每員至九度以內見習生技工六度以內小工公役三度以內由公司供給超過度數照定價收費
七、本辦法實行後對於員工煤水厨具宿具及宿舍部份人員概不供給
八、以前所有宿舍器物均繳交庶務股
決議　八項辦法通過並准自本年五月份起實行

臨時動議

(一)主任秘書朱小佛病故應如何從優撫卹案

劉總經理說明：本公司主任秘書朱小佛在電廠籌備時期即來服務九年之間諸賴臂助卓具勞積本年七月病故除照章應得最後所支薪金八個月之卹金計國幣三千六百元外可否額外酌增以示優異請 公決

決議

主任秘書朱小佛服務時間攸久誠績卓著今竟積勞病故深為惋悼除照章給卹三千六百元外特賻贈棺殮費伍千元

主席 周見三

50

重慶電力股份有限公司臨時董事會決議錄

時間 三十年十一月七日下午三時

地點 川康銀行二樓

出席人

甯芷邨

周季梅 甯代

潘昌猷

李奎安

徐廣遲

王君韌

劉敷之代

尹志陶

康心之

劉航琛

浦心雅 沈笑春代

潘益民

列席　程協理本臧
　　　黃科長大庸
主席　尹志陶
紀錄　張君鼎

報告事項

一、報告八、九兩月份會計月報案

決議　查閱表報無訛存查

二、報告出售新鍋炉案

程協理說明：第五十五次董事會決議本公司存海防新鍋炉一座存美國四千五百瓩發電機一部應即設法

脱售當分别進行鍋炉部份託振柏葛公司出面辦理第一次方將定而因受英美封存資金影響談判中止現復有人出價購買大約可售一萬三四千鎊機器方面託安利洋行出面辦理大致已談妥脫售已不成問題在美交貨售價為一萬五千五百五十鎊（原價一萬四千九百鎊）惟售得之美金須不受資金封存及外滙管理之束縛能自由支配一節尚在商洽中

三、報告請求政府撥發補助費案

劉總經理說明：本公司於去年九月間以遭受轟炸損失達二百三十餘萬元呈請政府補助國幣二百萬元送經懇商於本年八九兩月始先後領到補助費各壹百萬元惟本年自來水公

司領到緊急救濟費壹佰萬元政府方面以為公司財產已保有兵險未蒙救濟特具呈經財兩部說明公司雖投保兵險并未保足所得賠款不敷補償再加因空襲所受營業損失甚鉅現經行政院第五三七次會議決議由院查明實際情形再議并奉經濟部通知令將損失實際情形具報正辦理中

討論事項

一、討論資產增值及增加股本案

劉總經理說明：本公司第五屆股東會議決增值加股原則本年三月四日臨時董事會決議照五倍增值為國幣二千五百萬元經與政府商洽已批准增值并允以補助方式免去

捐税惟資產增值後若不增加股本無以對政府扶持之意擬請加股五百萬元合共資本為三千萬元至於原有資產何種應增值若干由會計科擬辦加股一事應由股東會決定究應如何辦理請 公決

決議 定於本年十一月二十一日（星期五）下午三時召開臨時股東會

二、討論發給二十九年度股息案

劉總經理說明：本公司二十八九兩年均屬虧損未發股息影响股票價值經第五屆股東會決議借債發息送與經財兩部商洽均認為係本公司本身之事部方無法批示公司如

累借債款息部方可置不問現擬定期發給二十九年度八厘官息祇用書面通知各股東不登報公告請 公決

決議 通過

臨時動議事項

一本公司職工增薪案

劉總經理說明：近來物價飛漲職工薪給又低不足以維持生活年終考績加薪極為嚴格甲等加薪二級乙等加薪一級丙等不加丁等警告或開除此次股東增值五倍各職工可否酌予優待或再附加薪工百分之五十請

公決

決議 自本年十一月份起各職工再附加薪工百分之五十合併上次附加薪工計算即附加薪工百分之一百

二、本公司高級職員支給交際費交通費案

劉總經理說明：本公司職工雖有出勤津貼膳費之規定惟對於高級職員之交際費及交通費尚無規定擬請由董事會授權經理部份在公司不浪費職員不賠錢原則下支給高級職員交際費交通費

決議 無異議

三、本公司購置辦公用房地產案

劉總經理說明：本公司辦公處分散數處不能集中

办公耗时费事拟在城内中心地点购置房地产一处足

以容纳二百余人办公之用

决议　由经理部寻觅适当房地产后报请董事

会决定

主席　尹志陶

重庆电力股份有限公司第六十一次董事决议录（一九四一年十二月十六日） 0219-2-322

重慶電力股份有限公司第六十一次董事決議録

時間　三十年十二月十六日下午二時

地點　川康銀行二樓

出席人

周見三

潘心强

尹志陶　王履平代

何北衡

潘益民

徐廣遲　王君翰代

王君翰

康心如　周見三代

李慕　潘益民代

列席人　程協理本臧

張科長玠

主席 浦心雅

紀録 張君鼎

報告事項

一、報告十月份及十一月份會計月報案

程協理説明 今日董事會劉總經理因病不能列席報告本届董事會因提前開會十月份及十一月份會計月報尚未製竣擬製竣後分别送呈各董監核閲

二、報告最近業務概况案

張科長報告 本年六月份起增加電價後預算每月收入可達二百萬元實際每月平均收入約一百七十萬元左

右十一月份實收電費一百八十餘萬元本月已收進一百四十餘萬元現應收未收電費約四百二三十萬元內中兵工廠因拒與新電價付費未解決電費約近百餘萬元俟多方疏通、交涉已得通知承認與付其他大電力用户積欠約一百五六十萬元正竭力催收中餘係新出票據應收未收票據實僅七千餘張不足一個月製出額查政軍機關經費辦理最為困難積存票據亦較多金額約在十五萬元左右

討論事項

三十年度職工年終獎金案

程協理說明　本公司二十八年度及二十九年度雖屬虧折因職工在空襲時期搶修綫路維持發電極為努力政府迭頒獎金故每年均由董事會決議職工均特給獎金二月本年度尚未辦理決算以最近數月收支概況觀察本年當不致虧折職工工作努力不減往昔政府亦迭賜獎金可否仍照前例由董事會核議獎金以資鼓勵再本年第五十五次董事會因生活高漲體念職工艱苦決議每月照原薪附加百分之五十本年十一月七日臨時董事會復議決附加改為百分之一百本年度給獎可否連同附加薪工一併發給敬候　公決

決議　職工仍各給奬金二月連同附加薪工百分之一百一併發給

主席　浦心雅

重庆电力股份有限公司第六十二次董事会议决议录（一九四二年一月十七日） 0219-2-322

重慶電力股份有限公司第六十二次董事會議決議錄

時間 三十一年一月十七日下午二時

地點 川康銀行二樓

出席人 胡仲實
周見三
周季悔 甯芷邨代
甯芷邨
康心如
潘心騏

劉航琛
康心如
何說岩

列席人
程協理本藏
黄科長大庸
張科長玠
吳科長錫瀛
易副科長宗樸

劉主任稽核靜之

劉主任布孟

主席：浦心雅

紀錄　張君鼎

報告事項

一、報告三十年十二月份會計月報案

決議：查閱表報及說明無訛存查

二、報告各股主任支給辦公費案

劉總經理說明　近來物價高漲生活日漸困難董事會對於公司高級職員決議支給辦公費交通費中級職員責任亦相當重大生活

亦同感艱難自三十年十二月份起各股主任每人每月支給辦公費一百五十元當否請　公決

決議：通過

三、修改職工出勤津貼及值班津貼案

劉總經理說明　本公司職工出勤津貼等項於三十年六月份根據物價指數修正當時重慶市物價指數為一四六七、一至十一月份物價指數已增為二三八八、一計約增百分之六十二强似應重新修正俾免各員墊累之苦以後并擬每滿六個月依據物價指數調整一次附表一份請各董事查閱

附本公司出勤津貼一覽表

60

津貼名稱	現支數	擬請備支數	備攷
甲種出勤津貼	膳費七十元 車費八十元	膳費一百八十元 車費一百二十元	整月不在一定區域內工作者如監工檢驗校表各員
乙種出勤津貼	膳費七十元 車費三十五元	膳費一百八十元 車費六十元	整月在一定區域內工作者如收費員抄表員等
丙種出勤津貼	膳費五十元 車費四十元	膳費八十元 車費六十元	每月有一部時間在不定區域內工作者如出納會計庶務各股主任及指定外勤人員
乙種出勤津貼膳費	主任以上五元 主任以下四元 見習三元 小工二元	膳費 主任以上八元 主任以下六元 見習五元 小工三元六角	技工同見習學徒全夜同小工
空襲值班津貼	五元	八元	
值日津貼	四元	六元	
各燃廠值班津貼	三元	五元	技工原定一元六角擬改為二元六角學徒小工原支一元擬改為一元六角

決議：照所擬津貼數目及辦法通過

討論事項

一、資產增值後兵險保額應否增加案

劉總經理說明　本公司兵險保額原爲一千四百餘萬元現資產增值爲二千五百萬元保額自應增加請董事會決定

決議：以股本得保障爲原則除已遷入山洞之四千五百瓩機爐不必再保兵險外其餘由經理部酌量增加保額

一、清理四行借款案

黃科長說明　本公司向四聯借款除遷建機爐借款二百萬元已指定坿加電費撥還外計有

(一)第一二次借款分期攤還餘額　一一四六四〇〇七·七八元

二、庫存材料押款一,000,000.00元
三、安利洋行定單押款一,000,000.00元
四、購備材料借款二,000,000.00元
以上共計五,四六四,00七.七八元除四聯借款外短期負債情形如下
一、挪用遷建工程專款二百一十四萬八千餘元
二、川康短期借款一百四十萬元
三、川鹽短期借款八十萬元又購置都郵街辦公用房地產借款八十三萬餘元
四、工礦調整處借款二十五萬元

四聯借款中第一二次借款自三十年一月起即未按月償還本息其餘數次借款多已延期未還四聯叠函要求償付到期本息查本公司目前經濟情形收支僅能相抵雖尚存有遵平機售款一萬二千餘鎊外滙及應收新股五百萬元僅能抵償短期借款無法償付四聯借款到期本息然亦未便置之不理四聯曾有與公司互商整理辦法化零為整之表示俟鵬公岩廠發電後電費收入可以增加每月當可有一部份餘款茲以分期償還本息並擬具整理四聯借款辦法如下

一、再向四聯借款二百萬元

二、請償第一二次借款本息全部及第三四五次借款利息

三、將第三四五次借款四百萬及擬續借之二百萬合併為一照第一二次借款辦法自新借款成立後按月攤還本息三年清償換言之即向四聯疊借六百萬償清以前各次借款本息新借款採分期攤還辦法是否可行即請　核示

決議：原則通過由經理部與四聯洽辦

臨時動議事項

一、請政府頒佈竊盜材料燃煤款項懲戒命令案

劉董事動議　本公司近来迭次發現職工竊盜侵吞案多起除犯者送請憲兵司令部審訊外并擬請軍事委員會明令規定以後應照兵工軍需工廠辦法懲治本公司

職工之犯竊盜侵吞罪者

決議：無異議

二、決定召集第六屆股東大會日期案

決議：三十一年六月二十五日（星期三）下午六時假民族路川康銀行召開第六屆股東大會

三、加緊催收欠費案

浦董事動議　查自來水公司欠付電費達一百餘萬元連同其他軍政黨機關欠費總計在三百萬元以上本公司經濟困難借債維持所有各項欠費應加緊催收減少子金支出

63

决議：通過由經理部加緊催收

主席 瀾心題

64

重慶電力股份有限公司第六十三次董事會決議錄

時間 三十一年二月二十三日下午三時

地點 重慶民族路川康銀行

出席人

劉航琛

康心如、潘代

胡仲實、

潘心輝 尹志陶

徐廣遲 王君韌代

王君韌

何北衡

潘益民

李謩 潘益民代

潘昌猷

列席人 程協理本藏

黃科長大庸

65

主席潘益民

紀錄張君鼎

報告事項

一、報告三十年十二月份會計月報案

決議　查閱表報無訛存查

二、報告鵝公岩工程進展情形及總廠加設保護設備案

程協理報告　本公司於二十九年六月奉命移裝總廠四千五百瓩機爐於山洞內以策安全當即選定鵝公岩為第一座廠址由兵工署讓與正在開鑿之山洞兩個加以擴大因洞子容量過大又係用人工開鑿故甚費時間至去年十一月間

開洞工程始告竣事即積極安裝機爐三月間可望發電鵝公岩工程完工後本應續移第二座因鑒於一年來冒險以一座供電維持至感困難且電力不敷供給常有停電情事公司與用户均受損失減少生産亦即國家之損失如續移第二座則又須一年以上以一座供給殊属非計故改變計劃呈請經濟部就總廠機爐加設保護設備不復遷移廠兩座發電機可同時供給該項鋼筋混凝土保護工程費用預算約六百七十萬元曾具呈經濟部請予全數補助已經行政院会議决議由政府補助一百七十萬元但四行借款伍百萬元仍以增加電費償還現正積極進

行中

討論事項

一、討論三十年度決算案

決議　合併第二案討論

二、討論三十年度盈餘分配案

黄科長説明　三十年度電費收入一千七百零九萬三千五百三十九元五角六分營業收入四萬二千二百二十三元八角雜項收入二百二十五萬八千零二十八元七角九分合計共收一千九百三十九萬三千七百九十二元一角五分經常開支一千七百六十二萬二千七百四十四元一角八分

特項開支三十三萬零九百四十五元七角，品迭盈餘一百四十四萬零一百零二元二角三分，除去法定公積一十四萬四千零一十元二角六分，所得税一十二萬九千六百零九元二角，利得税三萬一千九百一十三元八角，特别準備二十五萬九千二百一十八元四角，應分配餘額為八十七萬五千三百五十元六角一分

決議　除發給二十九年及三十年度股息七十九萬一千五百六十六元五角外，餘款作為職員紅酬

三、討論資産增值數字如何分配案

黄科長説明　本公司固定資産為七百餘萬元，前經臨時

股東大會決議增值二千萬元并就各項固定資產擬定增值數字如后敬祈　公決

項　目	約計增值倍數	增值金額	備　攷
發電所土地	二倍	三〇、八〇〇、七二元	
發電所建築	二倍	一、六四五、七三四、〇八元	
鍋爐設備	四倍半	五、七一一、八五五、三五元	本項照四倍半計應為五、七二三、四三一、三五元安裝費少計一一、五七六、〇〇元實計倍數應為四、四九一倍
原動及發電機	四倍半	五、六五六、五三四、〇六元	
電氣設備	四倍半	三、四六六、七八一、五六元	
廠內附屬設備	四倍	五四三、二五〇、七二元	
架空綫路	二倍	三、八二八、〇二七、三八元	

變壓器　三倍　一、四六七、六三七、〇〇元

電度表　三倍　四〇三、三七九、一三元

以上共計增資國幣弍仟萬元

決議　通過

四、討論第七屆股東大會議程案

決議　一、搖鈴開會

二、行禮如儀

三、公推主席

四、主席報告到會戶數股數股權

五、主席報告開會理由

68

六、總經理報告三十年度營業狀況及決算情形

七、監察人報告審查三十年度決算書

八、臨時動議

九、改選董事及監察人

十、散會

主席 潘益民

重庆电力股份有限公司临时董监会议决议录（一九四二年三月三日） 0219-2-322

重慶電力股份有限公司臨時董監會議決議錄

時間：三十一年三月三日下午三時

地點：川康銀行二樓

出席人：

徐廣遲 王君韌代

王君韌

甯芷邨
胡仲實
周季梅
周見三
石竹軒
劉航琛
石體元

70

尹志陶
潘益民

列席　程協理本臧

主席　甯芷邨

紀錄　張君鼎

一　新選董事監察人就職

二　推選董事長及常務董事案

票選結果如下

董事長潘仲三　十票

常務董事 康心如 十票

胡仲實 九票

潘昌猷 十票

徐廣遲 九票

散會 四時十分

主席 寗芷邨

重庆电力股份有限公司第六十四次董事会决议录（一九四二年三月二十日） 0219-2-322

71

重慶電力股份有限公司第六十四次董事會決議錄

時間：三十一年三月二十日下午三時

地點：打銅街川康銀行二樓

出席人

甯芷邨 航琛代

劉航琛

周見三

潘昌猷 沈[illegible]代

潘益民

李慕　潘益民代

徐廣遲　王君毅代

王君毅

尹國墉　王君毅代

康心如　周見三代

列席　程協理本臧

主席　潘益民

72

纪录　張君鼎

討論事項

一、三十年度職工考績案

劉總經理說明　本公司三十年度職工考績擬訂下列標準

甲、職員

甲等加三級　乙等加二級

丙等加一級　丁等不加

特殊勞績者從優敘級服務不滿六個月者不考績

乙、工人

等第 / 工資	日資	甲上	甲	乙上	乙	丙上	丙
領工	4.00/10.00	1.00	.90	.80	.70	.60	不加
技工	2.00/7.00	.90	.80	.70	.60	.50	不加
幫工	1.00/4.00	.70	.60	.50	.40	.30	不加
小工	0.50/3.00	.50	.45	.40	.35	.30	不加
學徒	0.50/2.00	.50	.45	.40	.35	.30	不加

特殊勞績者從優敘級服務不滿六個月者不敘績

決議：照所擬標準通過至於總經協理係由本會聘任應由本會予以敘績總經理劉航琛加六級月支薪七百五十元并改每月辦公費為八百元協理兼總工程師程本臧加一級支最高薪八百元并改每月辦公費

為七百九

臨時動議

一、工人代表提出六項建議案

劉總經理說明　本月十七日工人代表與本席懇商六項建議（一）職工均應領取紅酬（二）調整一般津貼（三）發給家屬米貼（四）規定退職金養老金（五）公司負擔職工醫藥費（六）改訂撫卹條例除二、三、五項由本席詳加解釋工人代表自動撤回外其餘一、四、六三項可否由本會予以考慮

決議：（一）自三十一年起技術工人應否領取紅酬由本會向股東會提出建議修改章程

（二）由經濟部參酌郵局海關及其他公司銀行辦法擬定退職金條例提會決定

（三）由經理部擬定三十一年度總部開支辦法如原條例有修改之必要可同時修改之提會決定

主席 潘益民 益民

重庆电力股份有限公司第六十五次董事会决议录（一九四二年四月二十日） 0219-2-322

74

重慶電力股份有限公司第六十五次董事會決議錄

時間：三十一年四月二十日下午三時

地點：打銅街川康銀行二樓

出席人

石體元

康心如

廖允之
詹鲲
周季梅
萧善初　周季梅代
尹志陶　王履由代
徐广庆　王君毅代
王君毅

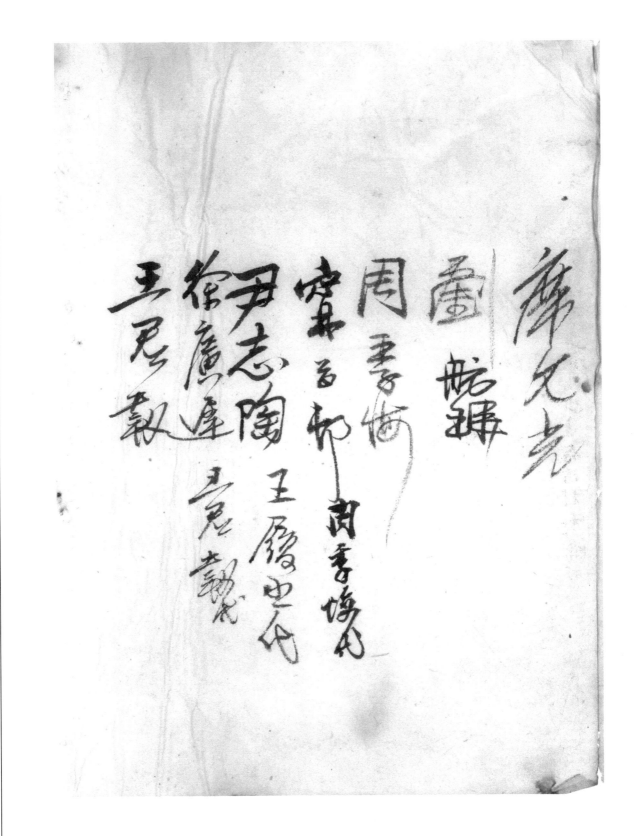

75

阅 心 鼐

列席 程协理本臧

主席 石体元

纪录 张君鼎

报告事项

一、报告三十一年一月份会计月报案

决议：查阅表报无讹存查

讨论事项

一、委托法国人清查并设法出售存防材料案

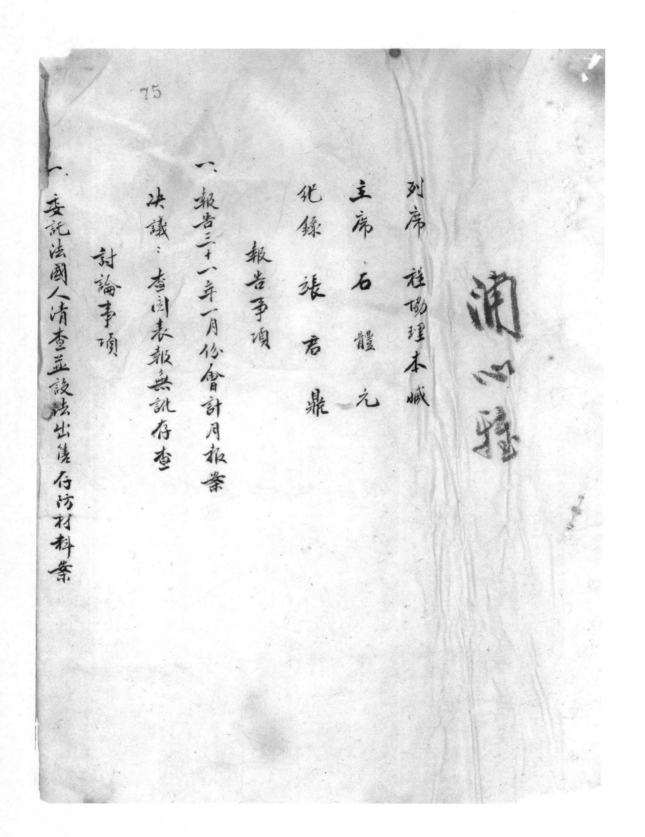

劉總經理說明　本公司存防材料前由本會決議委託拔柏葛公公司設法脫售辦理已有眉目不幸太平洋戰事爆發無法繼續進行最近西南運輸處及其他機關向公司委託法國人歐狄南君前往海防清理未了事務及清查存防貨物本公司存海防鍋爐電器材料原值在五萬美金以上即幸能存在如不設法處置，終必損失經程協理一度與歐君接洽渠願先為清查如尚存在並願設法代為在防脫售事不成不取任何費用事成以售價之若干作為手續費是否可行請　公決

決議：　原則通過由程協理負責接洽後報會

二、比照每月售電度數提非常時期職工獎金案

76

劉總經理說明　年來物價高漲職工生活困難雖章程規定及經上次董事會決議公司獲利職工可分紅酬惟公司電價受官廳管制數年來無年不虧本年起資本增值五倍後股息及折舊增加盈餘之希望更少職工紅酬等於虛文茲擬於呈請增加電價時請求經濟部准予每度電費加一分作為職工年終酬金即無論盈虧每售電一度提一分作為職工年終酬金是否可行請　公決

決議：通過

三、劉總經理辭職案

主席宣讀劉總經理辭職函後請衆討論

決議：辭職慰留暂准請假在假期中所有總經理職務推

浦董事心雅代理

主席 石[illegible]

重庆电力股份有限公司第六十六次董事会决议录（一九四二年五月二十一日） 0219-2-323

重慶電力股份有限公司第六十六次董事會決議錄

時間：三十一年五月二十一日下午三時

地點：打銅街川康銀行二樓

出席人

尹志陶

浦心雅

康心之

甯芷邨

胡仲寅 以寅代

周見三

周季梅 以飞卿代

王君翻

徐處廉

郭景琨 舒賓手代

王君翻代

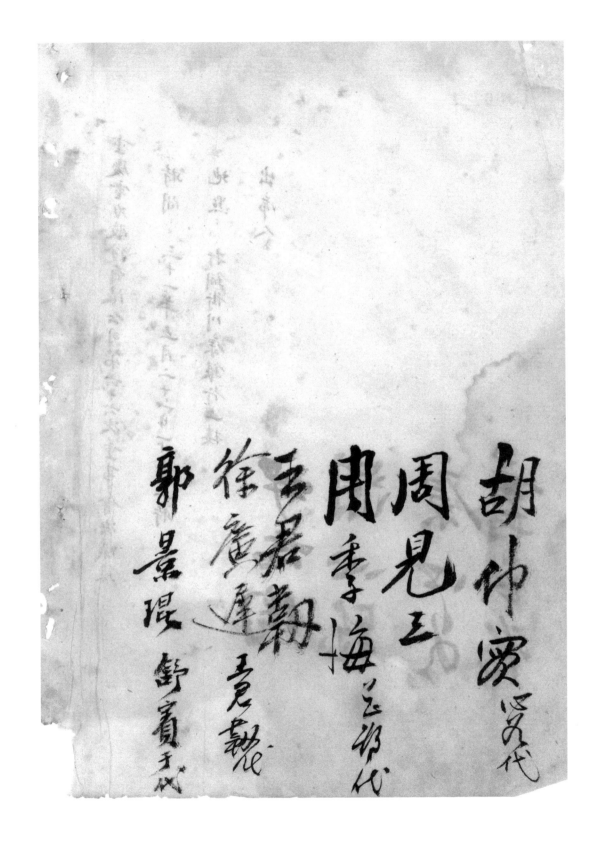

2

列席 程協理本臧
黄科長大庸
吴科長錫瀛
張科長玠
主席 康心如
紀錄 張君鼎

報告事項

一 報告總經理交代交日期案

主席宣讀劉浦兩總經理來函及聯名函報交代日期在四月三十日以前由劉總經理負責五月一日起由浦代總經理負責請衆討論

決議：交代日期准予倫查浦代總經理薪津照劉總經理薪津數額支給另支辦公費每月八百元劉總經理請假期間照支薪津不支辦公費

二　報告二、三兩月份會計月報案

決議：查閱表報無訛存查

三　報告中央銀行更換股東代表人案

浦總經理報告　中央銀行函稱原股東代表人潘益民李馨因事離渝改派郭景琨梁平二人代表潘係董事李為監察可否請郭代董事梁代監察

決議：通過

0000 3

四 報告招募新股情形案

渝總經理報告　本公司未收股本尚達二百二十餘萬元公司需款孔殷請各董事分別勸繳以應要需

五 報告向政府申請增加電費案

程協理報告　本公司發電成本超過政府核定電價甚鉅入不敷出逐月虧損前已向經濟部呈請加價依照本公司預算電力價每度須一元六角電燈價每度須三元三角方可維持并請規定調整電價辦法即以後煤價每漲一元電力電燈電價每度均增高五厘以免隨時須呈請重核電價之煩

六 報告向四聯總處申請借款六百萬元案

浦總經理報告　本公司短期借款達三百餘萬元月付利息九萬餘元亟應設法償還以減低利息損失華西承包一廠防護工程款一百七十餘萬元亦急須支付購儲燃煤零星材料需款尤急茲向四行申請貸款壹千萬元業經四聯總處通過准借六百萬元貸款條件兩年後第七個月起按月平均攤還

七、報告一廠防護設備工程進行情形案

程協理報告　本公司第一發電廠加設保護設備由華西公司承包原定七月三日完工經督促趕建可提早於六月十五日前完成全部津貼工作建築費共約六百七十萬元除由政府補助壹百七十萬元外另向四行貸款五百萬元自本年五月份起每度

0000 4

電費徵收附加費一角五分作為償債基金兩年還清

討論事項

一、第三廠鍋爐洞必須加建保護工程案

浦總經理說明 第三廠鍋爐洞日前掉下石頭一塊約二十餘斤打斷,考慮非從速建築鋼筋水泥保護工程不足以策安全,經濟部翁部長前日視察工程時亦表示同意,惟估計需費三百餘萬元,應向政府全數補助,現擬一面開工一面呈請

決議:通過

二、公司辦公處所擬遷移前購都郵街房屋集中辦事案

浦總經理說明 本公司辦公處所分散諸多不便,前購置都

郵街房屋足敷全部人員辦事之需惟業價稅契共八十餘萬元係向川鹽銀行借貸並已允諾將民食供應處暫時租用由該處照業價稅契額存入川鹽以利息抵付租金並擬託劉總經理商請民食供應處准予退佃公司遷往辦事

決議：通過

三 擬速籌兩年必不可少之材料呈請政府借款或代為購儲案

浦總經理説明 本公司發電部份配件如不被炸尚足敷用惟供電用電材料異常缺乏大約每年至少需用材料費一千萬元預儲兩年計算需款兩千萬元至三千萬元之間公司無此財力如不先事準備一旦因缺料斷電責任攸關擬請求政府貸

款購料或代為購儲究應如何請 公決

決議：通過

四、第三廠職工宿舍案

吳科長說明 第三廠地處荒郊租屋極為困難職工一百四十餘人其中有二三十人原住臨時草棚內現第一兵工廠要求拆卸無處可搬原住鵝公岩鎮上租屋居住者亦因兵工署已收買全鎮房屋發生問題現已繪具宿舍圖樣估計建築費六十餘萬元已呈請經濟部補助可否先行興工請 公決

決議：一、職工是否應備宿舍應統籌；二、是否應受處座手令禁止建築之限制；三、經濟部是否願補助全部費

用由經理部切實研討報會決定

五、資產應否續保兵險或自保案

黃科長說明 中央信託局應賠償二十九年及三十年兵險保費迄未理楚本公司欠付保費亦未照交本年一月份起至目前為止中央信託局不允續保應否續保或自保請衆、討論

決議、與四行有借款關係除三廠不妨自保外其餘仍應向中央信託局投保兵險保額以不低於借款總額為原則未了賠款案應從速交涉結束

六、討論本公司各種規則案

0000 6

決議：推王董事君敘、浦董事心雅審查

主席 康心如

重庆电力股份有限公司第六十七次董事会决议录（一九四二年六月二十日） 0219-2-323

重慶電力股份有限公司第六十七次董事會決議錄

時間：三十一年六月二十日下午三時

地點：打銅街交通銀行

出席人

梁平

郭景琨

王君韌

尹志陶

尹志陶代

刘航琛
康心如 潘代
宁芷邨
潘昌猷
周季悔
周见三
胡仲实

列席：程協理本臧
黄科長大庸
張科長玠

主席：郭景琨

紀錄：張君鼎

報告事項

一 報告五月份會計月報案

決議：查閱表報無訛存查

二 報告四川省政府更換股東代表人案

浦總經理說明 四川省政府股東代表人原爲何兆青當選爲

本公司監察現省府適知改由石體元胡子昂兩廠長為代表人
查石原為本公司董事則監察一職應由胡子昂繼任

決議：無異議

三 報告第三廠鍋爐洞保護工程案

浦總經理說明 本公司第三廠鍋爐洞鋼筋混凝土保護工程已交華西公司承建除鋼筋外包價為壹百零五萬元壹百貳拾天完工所需鋼筋約四十噸今委託華西代辦每噸價肆萬柒千伍百元該工程全部費用約需叁百萬元基泰工程司設計繪圖監工費用約拾伍萬元復奉命儲備冷水塔材料亦需肆伍拾萬元再加該廠未完工程費用除已領得政府補助費陸

9

百萬元外餘計尚差約肆百萬元已呈請經濟部介紹四行借款
將來由附加電費償還

討論事項

一 申請川康興業公司投資壹千萬元案
請總經理說明 本公司短少資金週轉查川康興業公司
旨在扶助工礦事業擬申請投資壹千萬元俟接洽有頭緒
後再依法召開股東會審理可否請 公決
決議：由經理部份先與洽商俟有頭緒再召開臨時股東會議
決之

二 審議本公司各種規則案

決議：下屆董事會討論

臨時動議

一、工人請求案

程協理說明　工人提出四項請求（一）調整附加工資（二）調整一般津貼（三）調整出勤值班津貼（四）發給制服一套究應如何敬祈

公決

決議：本公司職工待遇已較其他各廠為優，姑念職工尚能努力從公，為鼓勵計，關於第二項請求調整一般津貼一節可酌予辦理，自六月份起一般津貼基數一律增加七元，即職員改為六十元，見習技工改為五十元，小工役盤改為三十元第三項之出勤值班津貼曾經本會第六十二次會議決規定每六個月調整一次辦法可由經理部份根據該議決案辦理至第一四項請求不予受理

主席 郭景琨

重庆电力股份有限公司第六十八次董事会决议录（一九四二年八月二十日）　0219-2-323

11

重慶電力公司第六十八次董事會決議錄

時間：三十一年八月二十日下午三時

地點：重慶打銅街交通銀行

出席人

周見三　康心如代

康心之

潘昌猷

王君韌

劉航琛

徐廣遲

尹國墉 徐廣遲代

劉航琛 寅

周季悔 王君韌代

列席：程協理本臧

黄科長大庸

劉主任稽核靜之

主席：康心如

紀錄：張君鼎

12

報告事項

一、六七月份會計月報案

決議：查閱表報無訛存查

二、增加電價實施經過案

浦總經理報告　本公司呈准經濟部自本年七月份起增加電價新電燈價每度爲二元八角軍警機關部隊照特價計算每度二元二角四分並設機關取消優待電力價每度一律一元五角電熱價每度四元五角煤價調整費煤價每變動十元電價每度隨之增減二分二厘業自七月份起照抄見用電度數按新價製票收費惟煤價調

整費祇限於電力用電調整費亦太低後呈請經濟部增加調整費並准適用於電燈電熱用電尚未奉批

三 建築第三廠職工宿舍案

浦總經理報告　建築第三廠職工宿舍案曾於第六十六次董事會提出討論決議由經理部統籌辦理該廠地處荒郊附近無屋可租致多數職工無處住宿實有建築之必要現正招標估價全部建築費約需五十餘萬元

議決：　准照備案

四 經濟部核准追加遷建工程預算三百萬元并介紹向四聯借款仍以附加電費償還案

13

浦总经理报告 经济部核准追加第三廠遷建借款三百萬元并介紹向四聯借款仍以每度電費附加五分為償債基金業經四聯准予照借現正與交通銀行洽訂合同中

決議：准予備查

五 第一發電廠保護工程及第三廠鍋爐間保護工程進行情形案

程協理報告 第一廠機爐保護工程已竣工現正加做電壁保護設備第三廠鍋爐間保護工程亦正在積極進行中

六 備遷都郵街房屋情形案

浦總經理報告 本公司派往都郵街自置房屋集中

务公司叠经交涉该处佃户回家始允让出门面一间及全部楼面拟稍事修缮即行迁入修缮费连让街折进工程约需弍拾余万元

七、航运存印度及锡兰器材案

浦总经理报告　本公司存印度及锡兰器材约四五吨已呈准运输统制局并与中国航空公司洽妥航运昆明转渝

议决：备案

八、敷设公司各厂各处通讯网情形案

浦总经理报告　第三厂营业处尚无通讯设备暨呈

交通部請准予裝設無綫電話未蒙照准現商准防空司令部代為敷設有綫禮話并為保養管理在第一廠裝十門總機一部各廠裝分機自成一個通訊網該備費用約二十餘萬元日內即可通話

議决：備案

九　公司員工盜賣材料及貪污各案辦理經過案

劉主任稽核報告　本公司發生盜賣材料及貪污案數起情節較輕者已由經理室予以停職處分情節較重者已送請警廳依法辦理現有四人羈押憲兵司令部偵查中

討論事項

一、審核九種規則案

決議：下屆董事會討論

二、擬請再借款購儲材料案

浦總經理說明 本公司歷年遭受轟炸所存材料行將用罄亟應從早準備設法搜購前經計一年所需材料約需二千三百餘萬元呈請經濟部代為購儲公司隨時取用隨時付款尚無結果徒向川康興業公司商借購料押款八千萬元因該公司改變業務方針亦未告成現仍擬向四聯商借二千萬元至二千五百萬元以所購材料

15

為第一擔保品以一千萬元合約資產為第二擔保品隨贖隨用隨用隨還以兩年為期期滿程完償清查本公司經濟狀況自七月份起雖逐漸好轉惟週轉仍感困難擬向交通銀行再洽透支五百萬元可否請 公決

決議：其承借行洽妥後報會

三 捐建職工子弟學校校舍案

請總經理報告 本公司職工福利委員會擬在第一廠隙地建築職工子弟學校一所建築費約需二十三萬餘元陳請公司捐助壹拾萬元餘由職工自行籌募可否

請 公決

決議：交總經理酌辦

四、認加華安煤礦公司新股柒拾伍萬元案

浦總經理說明　華安煤礦公司股本原為二百萬元本公司投資五十萬元現該公司舊股增值為伍百萬元并增募新股伍百萬元由舊股東儘先認加商請本公司認加柒拾五萬元新舊股本共為二百萬元可否請　公決

決議：經理部份酌辦

臨時動議事項

一、未認足股本二百二十三萬九千元應如何辦理案

浦總經理說明　政府迭次催促本公司辦理增值加股

公司登記事宜查最近增資五百萬元尚有二百二十三萬九千元未曾募足應如何辦理請 公決

決議：由劉董事航琛等十戶認募足額其分配數目如後

睦記 劉航琛 二十五萬元

源記 康心如 二十萬元

澤記 潘昌猷 三十萬元

光記 甯芷邨 一十五萬元

全記 胡仲實 三十萬元

律記 周季悔 一十五萬元

泳記 周見三 一十三萬九千元

則記 浦心雄 三十萬元

良記 徐廣暹 二十五萬元

林記 尹志陶 二十萬元

以上十户共計二百二十三萬九千元

主席 康心如

重庆电力股份有限公司第六十九次董事会决议录（一九四二年九月二十一日） 0219–2–323

重慶電力股份有限公司第六十九次董事會決議錄

時間 三十一年九月二十一日下午三時

地點 打銅街交通銀行二樓

出席人

徐廣遲 劉毅五代

周見三

尹志陶

王君韌 劉毅五代

劉航琛

康心如

浦心雅

寗芷邨 劉航琛代

周季悔 周見三代

列席：程協理本臧

黃科長大庸

張科長琦

主席：康心如

紀錄：張君鼎

報告事項

一 報告八月份會計月報案

決議：查閱表報無訛存查

二 向交通銀行訂立五百萬元透支契約案

黃科長報告 本公司以每月電費收入約五百餘萬元作抵向交通銀行重慶分行訂立五百萬元透支契約月息一分六厘期限一年每月電費收入均存入透支戶內已商洽妥當現由該

行呈請總管理處核定中一俟簽定契約再行檢討報告

三　請准向行備料押款二千五百萬元案

浦總經理報告　本公司向四行請准備料押款二千五百萬元奉准由交通銀行承借通知書已到四行渝分處即可轉到該行惟辦理合約需時本公司已訂銅線六百六十餘萬元購買鉛皮綫膠皮綫需款數十萬元又洽訂發電器約需四百萬元需款支付經向各行洽妥先行付款並於在印備貨電表尚在洽詢中

四　訂購各項器材經過案

程協理報告　本公司所需發電設備用電材料分頭接洽

經與中央電工器材廠訂購裸銅綫六十四公噸，在昆明廠房交貨，貨價六百六十餘萬元。又擬訂購變壓器三十七只，正在詢價，約需四百餘萬。現購鉛皮綫、膠皮綫三十三萬餘元。電表一項委托安利洋行在印度搜購，能否出口，尚在洽詢設法中。

決議：照訂購。

五、寶源煤照煤價增加揀選費百分之二十案

浦總經理報告：本公司燃煤以寶源為大宗，前以夾石太多，影響發電，曾議定加揀選費每噸十元，惟近來夾石仍甚多，不能單獨燃燒，經與燃管處營業司及寶源會商決定由窦源自行拣去夹石以能单独燃烧为准，且煤价增加拣选费百分之二十，以每月供给三千吨计算，约需增加拣选费十五万元，惟此理好煤应可少烧，煤价增高差费适亦可以调整一部分，而各方面问题可以解决。

决议：照办，并就燃管处统制煤斤之外，自行设法筹储燃煤。

十六、辛卓夫案

浦线经理报告：辛卓夫羁留宪兵司令部将近八月，近以病重保释，自行清理收费股主任任内帐目，限四星期清理完竣报核。

0501 20

討論事項

一、收費股主任麥鶴年積勞病故如何優卹案

劉總經理說明　本公司改定收費辦法麥主任盡力推行盡瘁年勤積勞病故應從優給卹請　公决

決議：麥主任鶴年推行新制不辭勞苦以致病故至為惋悼除照章給卹外另給特卹壹萬伍千元

二、巴縣電力公司函請入股案

浦總經理報告　工礦調整處張處長前來接洽擬利用中國汽車公司之一千瓩發電機組織巴縣電力公司股本二千萬設廠於魚洞溪附角李供李家沱各廠需要希望

今公司入股提携，尚以李家沱本公司已奉令被徵，代管器多被拆散，殊於公司權益有碍，未允研究并爲改處。須又據此種協理，謂此項機器前途願價讓於本公司，索價一千三百萬元，應如何應付，尚祈　討論

決議：索價過鉅，公司亦無此財力，前公司讓給兵工署之一千瓩機器，祗取三十餘萬，今無異以一千數百萬贖回，殊不合算。倘前途能大量減讓，由政府貸款，今須再行核議

主席　康心如

重庆电力股份有限公司第七十次董事会决议录（一九四二年十月二十日） 0219-2-323

重慶電力股份有限公司第七十次董事會決議錄

時間：三十一年十月二十日下午三時

地點：打銅街交通銀行二樓

出席人

康心如 周見三代

周見三

石竹軒

王君韌 尹代

尹志陶

徐廣遲 劉敷五代

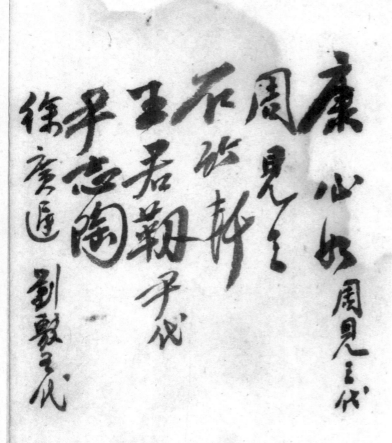

蒲心雅
劉航琛
甯芷邨　蔚代

張科長儁僧
黃科長大庸

列席：程協理本臧
張科長玠
吳科長錫瀛

主席：劉航琛

紀錄：張君鼎

報告事項

0006 22

一　報告九月份會計月報案
決議：查閱表報無訛存查
二　簽訂二千五百萬元購料押款合約案
浦總經理報告　本公司與交通銀行簽訂二千五百萬元購料押款案現已正式簽約祇待律師簽署證明手續即告完畢下次董事會再將合約送會查閱
三　簽訂五百萬元透支借款案
浦總經理報告　本公司以每月電費收入作抵向交通銀行辦理五百萬元透支契約亦經簽訂下次董事會再將合約送會查閱

四、在印購買電表二千六百二十二隻案

浦總經理報告　本公司庫存電表用罄，託人設法在印度樓購，曾陳報董事會在案。現已向安利洋行孟買代理人沙遜公司公司定購各種電表二千六百二十二隻，總價一十二萬三千零五十七盧比。以聲請外匯需要相當時日，遲滯又恐落空，已商准交通銀行先行墊付，請到外匯即行歸還，並已呈請經濟部、外交部代向印度政府申請出口護照，一俟領到護照，即據由孟買運至加爾各答交中航機運昆，轉運事宜亦託加爾各答交通銀行代為辦理。

討論事項

0C00 23

一、職工請求調整待遇及借支薪津案

浦總經理說明　本公司一部職員請求借支薪津三月第一部份請求借支薪津六月工人請求借支工資津貼六月並請求調整津貼查本公司職工薪津在全額上似不為少但不供給膳宿在目前情形下職工生活困難確係事實自應予以調整請　公決

決議：甲、增加一般津貼之基數如下：

一、職員原為六十元增加十元改為七十元

二、見習技工原為五十元增加十元改為六十元

三、小工公役原為三十元增加十五元改為四十五元

其按照百分比計算辦法仍照原案辦理

乙、附加薪工增加百分之五十改為百分之一百五十

以上調整辦法准自本月份起實行

丙、准予增支三個月之薪工及附加薪工額自明年一月份起分六個月扣還（凡服務未滿半年之職工須由服務已滿半年之職工担保方准借支其借支者自動離職借款無法扣還時保人應負賠償之責）

丁、十一月份發放薪工日期提前十五日十二月份提前十日三十六年一月份提前五日二月份起恢復原定日期

二、報告第一煤廠辦理經過及獨立經營案

浦總經理說明　本公司為燃煤自給起見曾自辦第一煤廠於江北文星場以總務科張儒侑兼任經理該礦產量原可日產一百噸現僅能日產約三四十噸亟待整頓兹擬由公司一次撥予資金若干另組公司獨立經營使其能力更生可否請　公決

決議：准照獨立經營定名為豐一煤礦公司依法辦理手續礦區礦地等准劉董事航琛洽商另由本公司撥足資本弍百萬元為豐一公司股本即以本公司董事監察為豐一公司董監經理一職仍請張儒侑擔任另聘礦工程師協助第一煤廠原有資產負、

債盤、各費一公司接管

三　修造都鄭街房屋案

程協理說明　本公司修造都鄭街辦公室曾經第六十八次董事會議決在案現已招商承建投標者有建業營造廠東方公司天森營造廠三家東方標價為一百四十八萬餘元天森稍高建業為一百六十五萬元但東方報價中不包括五金在內天森情形不甚相悉擬於東方建業兩家中選定一家請　公決

決議：交建業營造廠承建

四　本公司各項規程案

0006 25

浦總經理說明　前遵照公司章程擬定組織規程暨職員任免規則職工服務規則請公決

決議：組織規程修正通過職員任免規則職工服務規則照原案通過

五　中國汽車公司讓售一千瓩新機爐案

浦總經理說明　中國汽車公司擬讓售一千瓩新機爐案曾經上次董事會中報告在案現該公司已正式來函報價一千三百萬元如何請公決

決議：本公司一萬一千瓩機器連同一切設備僅三千萬元今僅一千瓩之機爐價款連運費安裝費即須

兩千萬元以上以三分之二之價購十一分之一以下之物殊不值得故經部必須使用該機以供李家沱廠域本公司寧可將原款該區鐵路價讓不應購買該項機爐

六、職工子弟學校請給經費案

黄科長說明　本公司職工福利委員會所辦職工子弟學校月須經常費用八千數百元福利委員會每月收入除辦理其他福利事宜外所餘無幾擬請公司酌予補助

決議：由公司按月補助職工福利委員會八千元之學校經費由該會自行撥付

七 遷建修建工程出力人員給奬案

浦總經理說明 奉經濟部通知遷建修建工程處出力人員應予公司優予奬勵為何請公決

決議：由經理部依擬定辦法報會核定

八 補助電力廠區黨部經費案

張科長說明 電力廠區黨部業經奉令成立所需經費月約二千餘元請由公司酌予補助

決議：每月補助一千九百五十元

九 向中國航空公司洽商飛運器材案

程協理說明 本公司存印器材及新購電表均擬交飛

機運入應急經與中國航空公司洽妥允為代運由加爾各答飛昆明每噸運費為美金二千元

決議：照辦

十　稽核室辦理催收電費經過案

程協理說明　本案須分三點請董事會裁決（一）稽核室催收股成立以來共接收催收電費票據六萬七千八百八十六張金額三十三萬另三百二十七元一角三分（內中應除錯誤票據三十九張金額二千六百二十六元三角五分）催收結果除收到二千九百六十一張金額三萬五千另八十元另二角三分及市政府警察局欠費八百三十張金額一萬七千九百三十

27

五元三角尚未解决外，其餘票據二萬四千另五十七張，金額二十七萬四千五百一十七元八角三分，多係被炸之用户或搬鋪之機關，實屬無法清查，擬請撥入呆賬，註銷票據。二、自業務科收費辦法改革後，應撥作催收之票據甚少，擬毋需專設一股辦理催收，擬請將催收股結束撤銷。三、催收股撤銷後，少數非特别辦理之票據應交何科負責辦理。

決議：一、實屬無法收取電費二十七萬四千五百一十七元八角三分，准照撥入呆賬，票據二萬四千另五十七張應即銷燬。

二、催收股撤銷

三、嗣後催收工作仍由稽核室派職員一二人負責辦理

十一、購置大湊濟三元橋街第六十六至六十九號房地產案

黃科長說明　公司曾在大湊濟第一廠後面購置地皮一幅因不臨馬路無進出路現作職工子弟學校校址然不能由廠房進出該地皮靠馬路一面有空樓房屋四間空地一幅業主有意出售經數度商洽已談定價格當此為修之可要購置請　公決

決議：准購

0006 28

主席劉航琛

重庆电力股份有限公司第七十一次董事会决议录（一九四二年十一月二十日） 0219-2-323

0000 29

重慶電力股份有限公司第七十一次董事會決議錄

時間　三十一年十一月二十日下午三時

地點　打銅街交通銀行二樓

出席人
潘仕卿　竹軒代
劉航琛
康心如　潮代
石竹軒
傅友光
王君韌
徐廣遲　劉敷五代
尹志陶　王履[illegible]代
潘昌猷

梁平

出席人 程協理本斌
黄科長大庸
張科長儒脩

主席：石竹軒
紀錄：張君鼎

報告事項

一 報告十月份會計月報案

決議：查閱表報無訛存查

二、提高表燈底度案

程協理報告　各電廠對於用戶用電均有底度之規定例如裝一個半安培電表每月底度為二度如用戶不用電或用電度數不及底度均須照底度付費本公司因電表缺乏限制新戶用戶因知裝表不易故舊戶雖不用電寧願每月照付底度不願退表妨礙新戶需要經呈准經濟部提高底度以資補救遵自本年十一月份起實行

決議：備查

三、與交通銀行簽訂五百萬元透支契約追會查閱案

決議：查閱合約無訛存查

四、與交通銀行簽訂二千五百萬元材料借款合約送會查閱案

決議：查閱合約無訛存查

五、辦理職工借支薪津案

浦總經理報告　上次董事會決議准許職工借支三個月薪工及附加百分之一百五十，惟職工薪工相差極鉅，最少者僅得九十元，無濟於事，各科室處主管人聯名特請酌予變通，不分職工一律借支薪津本月，以其事屬同人互助，借支總數并不增加，已准予備案

六、未收股本由川康川鹽認賠案

浦總經理報告　本公司增資五百萬元，除四行及川康

川鹽暨廿數股東與定額認購股本外尚有股本貳百貳拾叁萬叁千玖百元迭經人認購並以辦理註冊手續應將股本收足已由川康認購壹百壹拾萬元川鹽認購壹百壹拾叁萬叁千玖百元

決議：備案

討論事項

一 周董事季梅函請辭職案

決議：俟提股東大會討論

二 與寶一煤礦公司簽訂四千噸合槽爐煤契約案

浦總經理說明 寶一煤礦公司缺乏現金周轉擬將存煤

逕交公司訂立四千噸契約須付定金一面亦以維持附屬事業

決議：照簽訂

三　本年年終獎金職工一律待遇案

黃科長説明　本公司無論盈虧向例工友年終發雙薪一月職員則可以分紅惟二十八九兩年均屬虧損工友照給雙薪一月職工則無給獎金一月至三十年略有盈餘職員分得紅酬工友亦要求分紅經董事會決議提交股東會討論實際亦未提議今年盈餘較多故工友又有要求究應如何辦理之處請　公決

決議：由經理部份擬定辦法交下次董事會討論

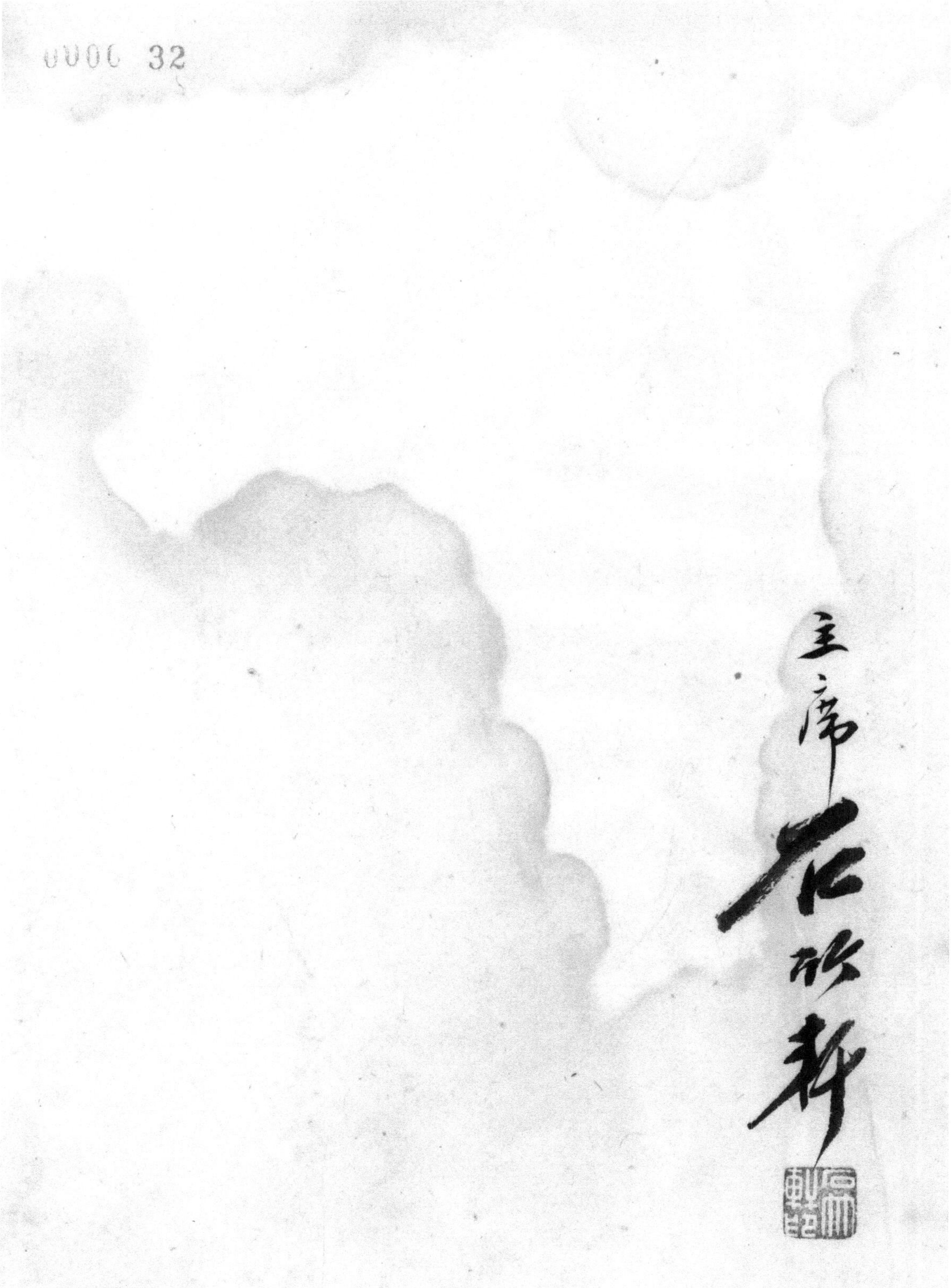
主席

重庆电力股份有限公司第七十二次董事会决议录（一九四二年十二月二十一日） 0219-2-323

重慶電力股份有限公司第七十二次董事會決議錄

時間 三十一年十二月二十一日下午三時

地點 打銅街交通銀行

出席人

周見三 劉航琛 梁平 尹志陶 王君韌 劉毅之代 徐廣遲

潤心毬

石竹軒

康心如

劉航琛代

列席人：程協理本臧

黄科長大庸

張科長玠

主席：石竹軒

紀錄：張君鼎

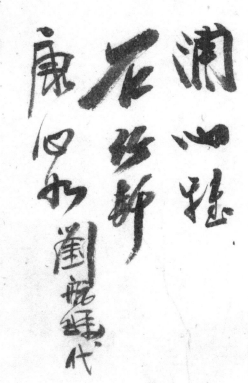

報告事項

一　報告十一月份會計月報案

決議：查閱表報無訛存查

二　報告加給天府公司運煤津貼案

程協理報告　前因寶源運交之煤夾石太多每噸加給積運費百分之二十現天府公司亦要求照給津貼公司當要求天府增加供給量為交換條件業經雙方商妥辦法十二月份天府允在規定月交四千噸外多交五百噸以後每月可供給五千噸以上一千噸照運管處規定價格計算不加津貼一千零一噸至四千噸每噸加給津貼百分之二十四千

零一噸以上每噸加給百分之三十此項增加開支可以電力用戶煤價調整費補償大部份損失呈請經濟部准予加收電燈用電調整費尚未奉批

三　關於在英四千五百瓩透平機案

程協理報告　本公司二十八年向安利洋行訂購四千五百瓩機爐各一部鍋爐運抵海防後未能內運前託法人往防調查尚未成行機器一部存英待運第五十五屆董事會曾決議出售經託安利洋行設法迄未售去最近英政府擬徵用一部份惟未詳告條件該機器目前雖無法運入應用如果脫售則戰爭結束後或國際路綫復

適時不能立即匯入充實發電力量重製必甚費時且送貨亦時增高故已通知安利洋行取消出售之議并請其適時準備匯交

決議：機器決不出售鍋爐暫作損失估帳

四 新橋庫房平安險增加為五百萬元案

經協理報告 本公司新橋庫房原存材料無幾僅投保平安險十萬元現因所材料押款所購材料均存新橋庫房材料加多擬向太平公司加保五百萬元

決議：照原保率向太平公司加保

五 籲請節約用電及分區停電經過案

程務理報告　本公司機爐負荷過重無法維持電燈報呼籲用戶節約用電並停用電爐電烙廣告燈招牌燈等近來生效現最高當局已注意此事手令市府擬具辦法切實施行在未解決前不得不分區輪流停電已呈奉經濟部准予備查矣

討論事項

一　本年度職工年終獎金案

劉董事說明　前二年本公司決算均屬虧折，茲體念職工辛勞年終仍支給薪工二月之獎金本年雖有盈餘茲照章分紅職工所得亦有限擬請仍提給獎金並請

額及低級職員及工友獎金照一月薪俸額發給藉資鼓勵據會計科查計提職工獎金後尚有紅酬可分擬照薪俸工資額提職工一律發給紅酬工友既得獎金及紅酬則年終雙薪應予取銷可否請　公決

決議：職工一律發給薪俸一月之獎金取銷工友年終雙薪職工一律照薪工額平分紅酬

二　民權路辦公處增加建築費案

程協理說明　民權路辦公處由建業營造廠以一百七十五萬元承包承接工務處通知後面土墻須改建磚墻因之建築費須增十八萬元請追加預算

決議：照加

三、華安鑛業公司增加股本案

劉董事說明　本公司曾投資華安鑛業公司二百萬元現該公司增加資本要求本公司加股二百萬元查本公司投資華安原求解決燃料問題現華安之煤因價格問題在華安立場不能供給本公司既失投資意義目前公司本身尚感資金短絀之時自不應再認加股本

決議：不再認加

四、電力不敷應如何設法補救案

程協理說明　本公司自備機爐負荷已超過力量

不敷供應如何補救

決議：呈請主管機關令有自備原動力之工廠立即發電自給并切實施行節約用電辦法

五、用戶對公司各種補助費應如何規定案

核辦理說明　本公司向用戶收取補助費計有四種（一）桿綫補助費照政府規定以全部工料費之百分之七十收取補助費（二）接戶材料及電表補助費係照價十足收取實施以來尚無困難惟有時因公司缺乏電表不能接裝後規定用戶可自備電表抵繳補助費電表即為公司資產并照付押金用戶對此辦法不免有異

議經濟部亦認為欠妥究應如何規定請　公決

決議：兩種補助費仍照舊規定電表須由公司供給用戶自備電表不予裝接自備電表祇繳補助費一層可不必在規定內說明

六、燃料不繼應如何補救案

程協理說明　公司存廠毫無存煤礦商逕交之煤亦無幾廿日常已有不繼之虞舊歷年関將屆礦工照例須休假屆時恐有斷煤停電之虞

決議：一面呈請主管機關配給存煤一面應盡力設法採購存備電廠之煤尤應趕速運渝

臨時動議事項

一 聘請陳仿陶為本公司協理兼總工程師案

劉董事說明 本公司因機器負載過重雖工程人員各盡最大之努力供給仍不免有間斷情事外界不明瞭情形同情者有不諒解者亦多公司事務紛繁程總工程師兼協理後時間上不易兼顧程協理本人曾有辭總工程師兼職之表示查本公司總協理向由董事任之程協理服務公司凡九年勞績卓著又為公司股東有當選為董事之資格故本人提議推程本臧先生專任協理另聘總工程師一人前杭州電廠總工程師陳仿陶先生對

於此職至為適合業經本人徵得陳先生同意推陳先生資歷甚深擬館方無協理名義由董事會聘用可否請 公決

決議：推程本臧先生專任協理並增聘陳仿陶先生為本公司協理兼總工程師陳總工程師月支薪七百元辦公費六百元程協理本臧仍支原薪及辦公費

主席

43

重慶電力股份有限公司第七十三次董事會決議錄

時間 三十二年一月二十日下午三時

地點 中正路川鹽銀行

出席人

周見三 王君韌 徐廣遲 劉毅之代 周季悔 瀾心騄 潘昌猷 朱[illegible]代

石竹轩 席代 席文光

胡仲实 席代

尹志陶 王履冰代

康心如

许荣琨

刘航琛

0006 44

列席：程协理本晟

黄科长大庸

張科長玠

主席：康心如

纪録：張君鼎

報告事項

一、報告三十一年十二月份會計月報案

決議：與三十一年度盈餘分配案合併討論

二、報告第一煤廠三十一年一月至十月決算案

決議：查閲表報無訛存查

討論事項

一　討論職工出勤津貼案

浦總經理說明　查本公司職工出勤津貼及值班津貼等經三十一年一月十七日第六十二次董事會議通過每六個月依據物價指數調整一次本年元月又屆應調整之期茲依據三十一年十一月份物價指數重新計算如後

三十一年五月份物價指數為四二〇六六、三十一年十一月份物價指數為六四六〇〇約增百分之五四弱

津貼名稱	現支金額	修正金額	備考
甲種出勤津貼	膳費　一九四元 車費　二一二元	二九九元 三二七元	暫日不在一定區域内工作者如監工檢驗校表各員

乙種出勤津貼	膳費 一九四元 車費 一〇六元	二九九元 一六四元	整日在一定區域內工作者如收費員、抄表員等
丙種出勤津貼	膳費 一四一元 車費 一〇六元	二一八元 一六四元	每月有一部時間在不定區域內工作者如出納、庶務各股股長及指定外勤人欠
丁種出勤津貼	膳費 科長以上 一五元 科員 一一元 見習 九元 小工 六元	二四元 一七元 一四元 一〇元	技工同見習 学徒工役同小工
室[illegible]值班津貼	一五元	二四元	
值日津貼	一一元	一七元	
廠房值班津貼	九元	一四元	技工原為四元六角修正為七元一角，学徒小工原為二元九角修正為四元五角

調整後甲種出勤津貼已超過高級職員之交通費，高中級職員之交通費或科公費似應同時酌予增加，均請公決

決議：出勤津貼及值班津貼照前次議決案調整。高中級

職員辦公費修改如后

職別	辦公費 原支数	辦公費 修正数	交通費	特別辦公費	備考
總經理	八〇〇.〇〇	一二〇〇.〇〇			
協理	七〇〇.〇〇	一〇〇〇.〇〇			
總工程師		八〇〇.〇〇	八〇〇.〇〇		
副總工程師		七〇〇.〇〇	七〇〇.〇〇		
科長	二〇〇.〇〇	五〇〇.〇〇	六〇〇.〇〇		
副科長	一八〇.〇〇	四〇〇.〇〇	五〇〇.〇〇		
廠主任	一八〇.〇〇			五〇〇.〇〇	
辦事處主任	一八〇.〇〇	四〇〇.〇〇	五〇〇.〇〇		

取締組長			500.00	1,200.00	
股長副股長工程師副工程師	150.00	300.00			

二 討論三十一年度盈餘分配案

黄科長說明　本公司三十一年度盈餘約為九百萬元除彌補前期虧損第一煤廠損失職工年終獎金及攤提各項損失外毛利約五百九十萬元餘除提存公積特別公積及付所得稅與八厘官息外所餘約為五十九萬八千餘元如何分配請公决

決議：發股東官息八厘給職工正薪一個月之慰勞金賸餘金額作為盈餘滚存

三 討論第七屆股東大會會期案

決議：：定於三十二年二月二十四日下午三時在民權路本公司新廈召開第七屆股東大會

一 討論第七屆股東大會議程案

決議：：一、搖鈴開會

二、行禮如儀

三、公推主席

四、主席報告出席會戶數股數權股

五、主席報告開會理由

六、總經理報告三十一年度營業狀況及決算情形

0006 47

七、監察人報告審查三十一年度決算書

八、修改公司章程案　三十一年三月二十日第六四次董事會決議職工均應領取紅酬由股東會決定

九、討論三十一年度盈餘分配案

十、臨時動議

十一、改選監察人

十二、散會

臨時動議事項

一、陳仿陶堅辭協理兼總工程師職務案

決議：准其辭職由總經理聘為顧問

主席：康心如

重慶電力股份有限公司第七十四次董事會議決議錄

時間　三十二年二月二十日下午三時

地點　民權路本公司

出席人

石竹軒　潘昌猷　傅友周　康心如

浦心雅　尹志陶　徐廣遲（劉毅之代）　郭茶階

列席：程協理本臧
黄科長大庸
主席：郭景琨
紀錄：張君鼎

報告事項

一、分報各軍警及主管機關説明公司困難情形辦理經過案。

浦總經理説明　去年十二月三十日本公司臨時董事會議決議由本會具呈軍事委員會經濟部重慶衛戍總司令部市政府説明當前困難情形業已辦理并奉到各

處准予備查批示

決議：無異議

二 呈請增加電價辦理經過案

浦總經理說明　本公司現行電價係由經濟部於去年三月煤價在三百餘元時核定現平均煤價已漲至八百九十餘元經濟部取消電力用電煤價調整費之辦法重行核定電力電價每度為二元五角六分僅加一元零六分即以調整費計算尚不止此電燈電價復未予核加雖有用電超過百度其超過度數加倍收費之規定但為數究屬有限公司將不勝賠累已具呈國家總動員會議經

濟部市政府請求核定電力電價每度為三元六角電燈電價每度為六元八角并經分別向孔副院長沈秘書長翁部長徐部長陳明困難請求維持雖均予以同情惟事関限價政策短期内恐難兼顧以償政府或照補助自來水公司辦法予以補助但可能補助之数決不能彌補損失除繼續盡力辦理外應請各董事予以協助並請推舉董事二人再向主管長官懇切陳述以資增加力量

決議：推康董事心如郭董事景琨會同浦總經理再向孔沈翁徐諸公面陳困難懇予維持

三　節約用電及移動工廠用電時間辦理經過案

50

程協理說明　關於節約用電及減少門燈廣告燈禁用電炉電烙電吹等業已由市政府規定辦法並已實行六月門燈廣告燈確已見減少但電烙電吹等取締不易現規定每月抽查一次尚鮮有成效各廠負荷並不見減低各工廠用電亦由經濟部規定有五百餘家工廠在午後五時至十時不能用電及能澈底舉行則於調整負荷上可收相當效果

四　一千瓩電機蓋倫已抵印正設法連同其他器材內運案

程協理說明　本公司向英廠定購一千瓩電機蓋倫現已運抵孟買已請安利洋行電該行代理人孟買沙遜公司代為運至加爾各答以便裝機運渝至於飛機噸位呈由軍事

委員會令由經濟部工礦調整處噸位內配運矣

討論事項

一、請核議電一煤廠組織規程案

決議：修正通過

二、合議股東大會應行預備事項案

決議：本屆股東會議程已由第七十三次董事會通過

又有臨時動議事項開會時再行提出

主席 [illegible]

重慶電力股份有限公司第七十五次董事會議決議錄

時間　三十二年三月二十日下午三時

地點　民權路本公司

出席人

康心如

劉航琛

浦心雅

甯芷邨
周季悔
尹志陶
李榮琅
徐廣遲　劉敷五代
王君韌

列席：程協理本臧
黃科長大庸

52

張科長珩

主席：鄭景琨

紀錄：張君鼎

報告事項

一、報告一月份會計月報案

決議：查閱表報無訛存查

二、中央組織部來公司開辦工礦黨政訓練班案

浦總經理報告　中央組織部去年派員前來公司商洽開辦工礦党政訓練班當以即將移城辦公容俟遷移後再商洽之後組織部又派員催促辦理不容再緩已於本月十七日開班參加受訓

職工共一百二十人係由各科抽調班地往職工子弟学校内受訓期為三週每晚上課三小時

討論事項

一、發給三十一年度股息日期案

決議：遵照股東大會決議自本月二十日起開始發給三十一年度股息

二、按月提存職工福利金成分案

准總經理説明　國民政府於一月二十六日公布職工福利金條例計十四條第二條前四項為

(一)創立時就其資本總額提撥百分之一至百分之五

（二）每月比照職員工人薪津總額提撥百分之二至百分之五

（三）每月於每個職員工人薪津內各扣百分之〇.五

（四）營業年度結算有盈餘時就盈餘項下提撥百分之五至百分之十究應如何提存請

公決

決議：調查其他工廠情形提下次董事會討論

三、投保兵險數額案

本公司曾一度與中央信託局保險部商洽投保兵險事關於保額方面須受限制不能如數照資產價值投保在公司方面亦應考慮保險問題故關于發電部份擬祗投保第二廠發電設備及第一三兩廠之未有保護

部份之設備關于供電部份擬祇投保木桿及變壓器木桿以每株為單位變壓器以每開維愛為單位關于用電部份擬以每戶為單位向中信局交涉辦理關于材料部份則以購進價值向中信局投保凡不投保部份及保不足額部份並擬比照中信局保率提存準備當否請

公決

決議：原則通過由經理部份酌辦

四、改定折舊準備比率案

黃科長說明　本公司折舊準備原照電氣事業法規提存嗣以物價高漲折舊準備金不敷重置費用經濟部前於本公司請

求增加電價時允許比照原額增三倍提存準備現固定資產賬面價值僅為三千餘萬元實際價值超過數倍如仍照原額提存準備折舊期滿決不能重置新者前途危險甚大應否設更折舊率請

公決

決議：照原提折舊準備數字加倍提存

五、向交行增訂透支五百萬元案

浦總經理說明　本公司前向交通銀行訂立五百萬元透支契約業已支用滿額現本公司每月收入約為一千二百萬元收付數額增加不敷週轉經商請交行增加透支五百萬元一俟辦齊手續即可照辦

決議：通過

六 修改電廠組織規程案

浦總經理說明 本公司電廠遠在白廟子上次會議通過組織規程第二條設置監理委員七人事實上無法前往督導形同虛設擬請修正

決議：取消監理委員會並修改規程

主席 石荣廷

重庆电力股份有限公司第七十六次董事会议决议录（一九四三年四月二十日）　0219-2-323

重慶電力股份有限公司第七十六次董事會議決議錄

時　間：三十二年四月二十日下午三時

地　點：民權路本公司

出席人

尹志陶　[illegible]代

徐廣遲

王君叡　[illegible]代

康心之

寗芷邨 周季悔代

周季悔

浦心雅

傅友周

劉航琛 浦代

康心如

周見三

56

列席：程協理介臧
黄科長大庸
主席：康心如
紀錄：張君鼎

報告事項

一 報告二三月份會計月報案

決議：查閱表報無訛存查

二 還建借款弍百萬元已經清償案

黄科長報告 本公司第三廠還建費用仍為九百餘萬元除由政府補助四百萬元外另向四聯總處借貸弍百萬元交通銀行借

貸三百萬元仍以每度電費附加五分為償債基金所收附加足付債款四聯總處貳百萬元依約按期償清合約註銷交行部份亦按期清償中

三　報告投保兵險經過案

黄科長報告　本公司投保兵險標的幾經縝密研究投保總額擬定為貳千貳百柒拾萬元計第一廠四百五十萬元第二廠五百七十萬元第三廠五十萬元全市變壓器電表壹千萬元新橋庫存材料貳百萬元照年保率百分之五計算一次開出支票按月兌現尚可再折扣每月保費約九萬元綫路木桿分散全市受損機會較少損失數量有限炸損廢料較保費為高不擬投

57

保又一三兩廠之有保護設備者不必投保其次中央信託局對民推銷辦公處不接受投保係為未投保或保不足額部份仍擬按月提存保險準備三十餘萬元合計每月負擔保險費共為四十五六萬元

決議：無異議

討論事項

一 擬請政府自一月份起按月補助六百萬元案

浦總經理說明 本公司呈請增加電價各方均表同情惟最高當局對於公用事業加價非經其核准不生效力主管機關又不便簽請核示加價辦法遂致擱淺萬不得已擬由董事

會名義電請國家總動員會議行政院經濟部市政府懇
予自一月份起按月補助煤價及管理費用之一部份損失計
六百萬元以濟眉急而免停頓是否可行請 公决
决議：照辦

二 應否召開臨時股東會議案

浦總經理說明 本公司電價目前無法增加政府補助即
使成功為數有限維持大感困難應否召開臨時股東會
議俾本公司當前困難情形獲得股東及社會同情速
謀救濟
决議：保留

58

臨時動議事項

一 改組人事委員會案

康董事說明 本席受本會囑託主持人事委員會歷將三載本人事繁無暇兼顧擬請辭職并予以改組以期切合實際需要

決議：改組人事委員會聘請康心如劉航琛潘心雅禮李臧劉靜之黃大庸吳錫瀛曹康坪張琦等九人為委員以康心如為主任委員

主席 康心如

60

重慶電力股份有限公司臨時董事會決議錄

時間 三十二年五月三十一日下午三時

地點 民權路總公司

出席人 杜[illegible] 徐廣遲

石竹軒 王君韌 劉敷五代

周見三 潘榮琨

康心如 甯芷邨

浦心雅 劉航琛 浦代

付友閱

列席：程協理本臧
主席：康心如
紀錄　張君鼎

報告事項

一　聘吳錫瀛為總工程師兼工務科長案

浦總經理報告　本人事忙協理不能離開公司而各廠各處總工程師必須常往視察協理與總工程師二職實不宜由一人兼任程協理堅辭總工程師兼職已予照准并聘請原任工務科長吳錫瀛

為總工程師俩兼工務科長

決議：備查

討論事項

一　調整職工薪津案

浦總經理說明　職工三次請願提出建議十三項曾召開人事委員會討論適康主任委員離渝劉董事未到遂無結果嗣與劉總經理商擬解決辦法分別輕重緩急酌為辦理關于調整薪津者計分兩項(一)薪工附加擬予再加百分之一百共為百分之二百五十(二)生活津貼基數擬予增加百分之四十即(1)職員津貼原來基數為七十元改為九十八元(2)見習技工津貼原來基數為六十元改為八十四

元（3）小工公役津貼原來基数為四十五元改為六十三元房貼照舊

以上調整薪津辦法自四月份起實行是否有當請

公決

決議：通過

二 三十一年度職工考績案

浦總經理說明 三十一年度考績辦法須先由董事會決定交

經理部執行茲擬定三項辦法請

公決

（1）薪水已支至本級級數者於考績時可酌給津貼並准按薪級

百分比照算

62

（二）职员考绩分五等，甲等晋四级，乙等晋三级，丙等晋二级，丁等晋一级，戊等不加或酌减。

（三）工人考绩分十等，增加日资自一角起至一元止，即领工由六角至一元，技工由五角至九角，帮工由三角至七角，小工头由二角至六角，学徒小工由三角至五角。

决议：通过

主席　康心如

63

重慶電力股份有限公司第七十七次董事會議決議錄

時間：三十二年六月二十一日下午三時

地點：民權路本公司

出席人

甯芷邨　浦心雅

杜梅和　席文光

郭景琨（代梁平）　王君韌

梁平　徐廣遲

陳[illegible]代

刘航琛 石竹轩 席

列席：程协理本斌 黄科长大庸

主席：浦心雅

纪录：张君鼎

报告事项

一、报告四五月份会计月报案

决議：查閱表報無訛存查

二、本公司增加電費經過案

程協理報告　自限價實行後平均到廠煤價自三七七元漲至八百數十元物料價格亦節節上漲公司於一月間呈請經濟部核加電燈價每度為六元八角電力價三元八角一月廿六日奉經濟部通知電力電價每度自一元五角加為六元五角六分電燈價不動五月份公司復奉通知普通表燈電價每月用電在一〇〇度以下者每度四元四角在一〇〇度以上者其超過度數每度六元六角特價表燈為普通表燈之八折電力及工業用電熱一律每度六元七角所增有限最近員工薪津調整每月復須增加開支六十

係萬元維持甚感困難除督促實行外尚應繼續請求核加或補助中

三　開鑿人和灣防空洞案

程協理報告　總公司移設都郵街後遇有空襲除一部份職工購發青年會川康川鹽防空洞入洞證外大多數員工仍須用卡車送往曾家岩避難頗感不便人和灣倉原有收藏文卷之防空洞一所容量甚小現擬加以擴充兼作職工避難之所完工之後尚可將所購青年會川康川鹽入洞證轉讓收回一部份費用計全部工程包價為六十一萬四千六百五十二元五角由建業營造廠承造限期一百三十天應於八月間完成

四、與交行簽一千萬元透支契約案

黄科長報告　本公司前以全部電費收入為擔保向交通銀行訂立五百萬元透支契約嗣以收支增加週轉不靈商將原訂透支額增訂為一千萬元并將原約展期六個月業經洽定於四月廿六日簽訂合約茲將合約送會查閱

五、存印材料內運案

程協理報告　本公司向英商訂購材料陸續運到印度加尔各答直運卡拉蚩及錫蘭等處其中以一千瓩汽輪發電機齒輪箱及鍋爐饋水泵需要最切經多方設法現已由工礦調整處代為運出加尔各答集中以便裝機內運并至

由最高當局批准在六七兩月份工礦調整處空運順位內代為配運關於轉運事宜悉委托工礦調整處駐印代表及交通銀行加爾各答龔副理慶麟代為辦理

六 投保兵險經過案

黄科長報告 本公司已向中央信託局投保兵險貳千四百零伍萬元保期本年計第二廠五百七十萬元電表方棚等線路器材壹千萬元及其他材料與未有保護設備之機器約八百餘萬元共計保費一百三十六萬六千八百六十五元九角二仙分兩期付給保費第一次付六十八萬三千四百三十二元九角六仙第二次應於八月付完期滿後應否續保俟屆時再提董會商決

66

七 三十二年度職工考績結果案

程協理報告　遵照上次董事會議決本年增加薪資辦法由經理室彙核結果職員共加薪八千八百九十陸元工人共加資一萬零七百六十一元六角雜役共加資五百四十九元共增加薪資每月爲二萬零二百零四元六角

討論事項

一 審議職工吳德恩退職金及撫卹規則案

決議：請浦董事先行審查提請下次董會再行討論

二　核增职员办公费案

决议：由经理部份拟具办法提请下次董事会讨论

主席　潘心听

68

重慶電力股份有限公司第七十八次董事會決議錄

時間 三十二年八月十九日下午二時

地點 民權路本公司

出席人

徐廣遲 劉[illegible]代

杜梅和

劉航琛 潘[illegible]代

潘[illegible]

王君韌

寗芷邨

周季悔

石竹軒

康心如

列席：程協理本臧

黃科長大庸

主席：浦心雅

紀錄：張君鼎

69

報告事項

一　報告六七月份會計月報案

決議：查閱表報無訛存查

二　報告呈請核加電價並補助虧損案之辦理經過

浦總經理報告　本公司呈請核加電價並補助虧損案除書面請求外經一再向各方面陳困難先由經濟部核具意見送總動員會議簽陳孔副院長核交行政院該院以事關限價又移送國家總動員會議復由孔副院長批飭該會移回政院據稱當時現由行政院會議決定照經濟部核定辦法通過計電力每度由二元七角改為五元電

燈由每度四元四角，第一級加為十元，第二級加為十五元，匡計每月收入可達二千五六百萬元，惟須負担由五十二廠及中央造紙廠煤電損失，其新縣方棚三具價款八百萬元亦由本公司負担，自來水公司電價并照舊價計算，惟煤價變動電價已可隨即調整。

三、報告並奉經濟部核准改訂電價保證金、電表押金、賠表費、接電費、換表費、移表費、校表費等金額及計算辦法案

移協理報告：本公司向用戶收取保證金等費，自三十年八月經濟部重新核定後即未變動，茲已請准酌為變更，例

至電表押金單相一、五安培原為一百元現改為六百元三相五安培原為四百元現改為三千元電價係證全電燈改為按此每安培十度之第一級普通表燈價計算電力照每裳見馬力一〇〇度之電力價計算賠表費照本市電表議價計算現在本公司所收係押金為五百餘萬元照新定辦法收費可達二千萬元計可增加一千五百萬元左右

討論事項

一 向交通銀行增訂透支壹千萬元案

浦總經理說明　本公司原向交通銀行透支壹千萬元最近迭據加價周轉困難請由四聯總處核准交行透支額

由一千萬元增為兩千萬元可否請 公決

決議：照辦

二 何五十二廠購用餘電請核供案

詳細理由說明 五十二廠發電能量為三千二百瓩自用僅五百瓩剩餘二千餘瓩可由本公司購用請核供惟因限於變壓設備於時最多祇能購用一千二百瓩如能將水塘廠之變壓器一具移往應用可增至二千餘瓩至購電費用業經雙方商定分為兩種費用（一）照本公司電力價每度收五分之二之折舊利息等項費用（二）照每度耗煤及此廠官價收燃料費用開始購供時須收五十萬元之燃料費用每月月底結算一

次以後照上月之總電度數及煤耗計算當月燃料費用每月分三次預付，其條件較中央造紙廠為優，現正擬訂合約中。

決議：照總擬辦

三、各廠燒煤工作競賽及獎勵辦法案

決議：照原案通過

四、撫卹金、贍養金、退職金規則案

決議：照原案通過

五、修改職工出勤津貼及辦公費、交通費案

浦總經理說明：本公司職工出勤津貼等係三十一年一

月十七日第六十二次董事會議通過「每六個月依據物價指數調整一次」。三十二年元月曾依據指數予以調整，經一月二十日第七十三次董事會通過在案。又高級職員辦公費、交通費亦應依照上項辦法酌予調整，茲擬具調整辦法請

公決

甲、職工出勤津貼　三十一年十月物價指數為六四六〇〇，三十二年五月份物價指數為九六六五〇，約增百分之五十弱

津貼名稱	現支金額	修正金額	備考
甲種出勤津貼	膳　二九九元 車費　三二七元	四四九元 四九一元	整日不在一定區域內工作者，由監工檢驗核表發放
乙種出勤津貼	膳　二九九元 車費　一六四元	四四五元 二四六元	整日在一定區域內工作者，由收費處分冊表查考

丙種出勤津貼	膳費	二一八元	三二七元	每月有一部時間在本埠區域內工作者照出納處
	車費	一六四元	二四六元	標準照表改按室外勤人員
丁種出勤津貼	膳費 職員以上	二四元	三六元	
	科員	一九元	二六元	
	見習	一四元	二一元	技工同見習
	小工	一〇元	十五元	學徒公役同小工
空襲值班津貼		二四元	三六元	
值日津貼		一七元	二六元	
廚房值班津貼		一四元	二一元	技工原為七元一角，借支為十元七角；學徒小工原為四元五角，借支為六元八角

高級職員支領辦公費、交通費數額表

職別	辦公費		交通費		附註
	現支數	擬改支數	現支數	擬改支數	
總經理	一、二〇〇元	二、〇〇〇元			
協理	一、〇〇〇元	一、六〇〇元			

总工程师	八〇〇元	一，二〇〇元	八〇〇元	一，〇〇〇元	坐车不支
秘书 稽核 科长	五〇〇元	九〇〇元	六〇〇元	八〇〇元	
副科长 股主任 审查主任	四〇〇元	七〇〇元	五〇〇元	七〇〇元	
股长 副股长 工程师 副工程师	三〇〇元	五〇〇元			

决议：照修正办法通过

六、派遣工程人员出国实习办法案

决议：原则通过，机械与管理两主任详细办法提交下次董

董會討論

臨時動議事項

一　三十一年度總經協理攷績案

決議：上年度本公司頗有盈餘，皆總經協理之功，對酬勵總經理月薪應各晉支一千元，經協理晉支九百五十元

主席　浦心雅

重庆电力股份有限公司临时董事会纪录（一九四三年十一月二十四日） 0219-2-326

重慶電力股份有限公司臨時董事會紀錄

時間：三十二年十一月二十四日下午二時

地點：民權路本公司

出席人：

康心如

傅友周

潘昌猷

徐廣遲

尹國墉

王君韌

劉穀民

劉航琛

康心遠

甯芷邨

周季悔

石竹軒

杜梅和

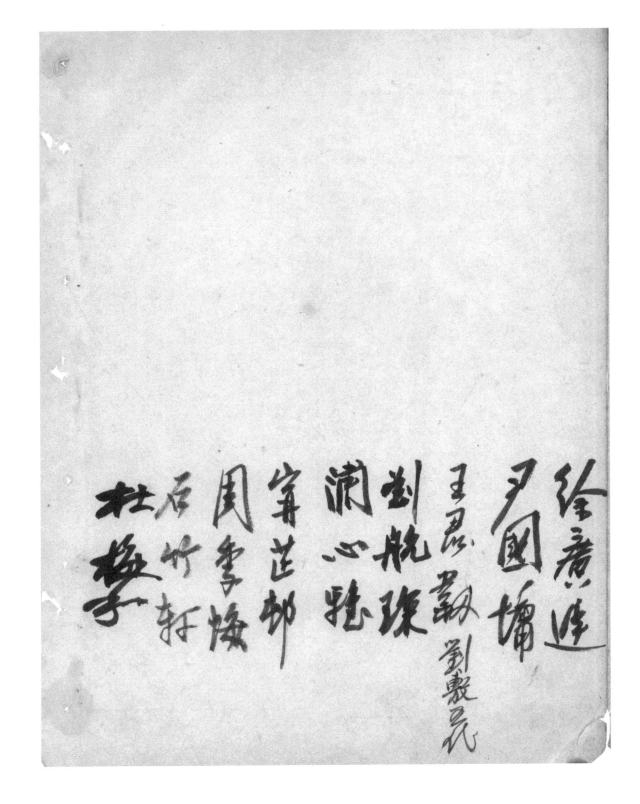

主席 康心如

紀錄 張君鼎

報告事項

一 報告八九十月份會計月報案

決議：查閱表報無訛存查

二 報告辦理職工緩役經過案

本公司職工緩役人數業經主管機關核定計緩役員工二八百八十八人不能緩役員工三百八十四人未及辦理緩役員五人數一百零九人內中尚有可提出理由再行申請者或由員工自行申請者

三、電力考核團視察發電情形案

經濟部聘請電氣專家七人組織電力考核團對於本公司發電供電情形調查甚詳并視察三發電廠本公司亦儘量供給所需之資料該團對於本公司維持困難情形相當認識與同情并認為欲改善供給首須解決煤質問題聞已有報告書送呈翁部長公司已具呈經濟部并分函各團員請對於本公司工務管理方面儘量予以指示提供改善方案尚未得復

四、中央造紙廠討論問題案

本公司向中央紙廠購電轉供，其電費照約保按該廠發電
成本計算。該廠所用之機爐與本公司第二廠相同，煤耗
應無甚差別，乃該廠結算單上所開之煤耗平均高於
二廠百分之六十，再加機爐修養與借款利息一併計算，
故內收成本甚高。公司據目前電力售價八折付費，其
餘尚懸而未結。如照二廠煤耗及剔除利息、修養，則該
廠發電成本與電力售價相仿。經商該廠照公司電力
售價結算，未得同意，現已呈請經濟部予以仲裁，
尚未得復。

五、二十廠、五十廠發電情形案

二十兵工廠之一千瓩電機已於九月三日裝竣發電雖不足自給亦可減輕本公司三百瓩之負荷但遇該廠修理時仍須全部供給五十兵工廠之三千二百瓩發電設備已於月五日裝竣發電除自用外尚有二千瓩之餘電可由公司購供用該廠錫爐配件準備不充四座錫爐暫時祇能用二座故餘電不能完全利用現已於十月廿八日開始購用五十廠電流轉供南岸龍門浩一帶惟僅四百瓩左右如更或可增加購電量以轉供水泥廠

六、近來煤質情形案

本公司燃煤几全赖天府宝源二家供给，近来所交之煤质地日劣，每星期检取煤样送请西南联合化学工业社代为化验，灰份竟高至百分之五十三以上，最低亦在百分之三十以上，挥发份亦不合标准，本公司锅炉合用之煤灰份不得高于百分之二十，故常烧不起磅，为停电及电压不足之最大原因，化验报告按周送呈经济部及燃料管理处请予改善，但迄无效果

七 在印器材内运案

本公司在印器材已于九月十七日前运到昆明一批，因重量不足一车，候续到材料一同运渝，一千瓩透平输箱配件

及電表等已逐抵狀不曾佳待機內運現尚在加緊修整
者祇饋水泵矣

八、本公司業務暨技術改進節約管理等項改由市政府管理案

經濟部轉承行政院訓令以關於市內供應自來水之業務暨技術改進及節約管理等項均由市政府管轄以後本公司對於政府所有請求必須呈經市政府先予核轉並否則後局外部不予置理以符監督指導之責

討論事項

一　與四聯總處合作購儲本季燃煤一萬噸案

浦總經理說明　本公司商准四聯總處購儲燃煤一萬噸分存三廠以一千萬元為度利息一分六厘定期六個月提供可否請　公決

決議：通過

二　職工請求調整津貼案

浦總經理說明　本公司職工之伙食住宿均係自理所領薪津數額似鉅維持生活仍感艱難茲據應濟困難擬請酌予調整

決議：職工薪津調整辦法

薪工　職工薪工一律照正薪工附加百分之八百并以三十二年十一月零售物價指數為標準以後指數每加一千即照正薪工再附加百分之一百

一般津貼　一般津貼之基數職員改為一百一十六元見習技工一百元小工公役學徒七十五元調整辦法仍照舊

米　貼　職工米貼一律改為四斗之代金照福利委員會購進平均米價發給

房　貼　取消原定房貼調整辦法改為副科長廠務主任以上月給一千二百元股長副股長工程師副工程師月給九百元科員工務員月給七百元見

習技工月給五百元小工公役學徒月給二百元以
後每半年調整及董事會核定之

出勤津貼 甲種出勤津貼膳費改為六百七十元車費改為
七百三十元乙種出勤津貼膳費改為六百七十元
車費改為三百七十元丙種出勤津貼膳費改為
四百八十元車費改為三百七十元

臨時出勤膳費 股長以上臨時出勤膳費改為五十元科員改為
四十元見習技工改為三十元小工公役改為二十元

值班津貼 室課值班津貼改為五十元值日津貼改為四十
元廠塲值班津貼工務人員改為三十元技工改為

為十五元小工學徒改為十元

特支費　總經理特支費改為三千元　協理改為二千四百元　總工程師改為一千八百元　主任工程師　秘書稽核科長改為一千四百元　副科長廠務主任改為一千一百元　股長副股長工程師副工程師改為八百元

交通費　總工程師交通費改為一千六百元　主任工程師科長秘書稽核改為一千五百元　副科長廠務主任改為一千四百元

以上新案均自十二月份起實行

三 投資宜賓水力發電公司案

浦總經理説明：盧作孚先生發起利用北碚高坑岩水力設宜賓水力發電廠，原定資本總額為一千五百萬元，可發電三百二十瓩，邀請本公司投資一百萬元，是否可行，請 公决。

决議：通過

四 職工優待金及民伕安家費案

程協理説明：三十二年度本公司職工優待金證書費、印花税等計國幣貳拾壹萬肆千貳百肆拾伍元。又本廠處所在地鎮保長指派抽調赴印力伕安家

費　之百分由公司負担請　公決

決議：由公司負擔

三　三十二年度決算案

本案與職工三十二年度獎金案合併討論

決議：（一）應年底收帳款及本年度十二月份以前應收帳

款應特出催收另加一補助帳冊於寒際收到

之再作收益以確定損益

（二）三十二年度職工一律獎給本年每人自薪津稱

外貴總額十二分之二及另照新定薪工額（卅

加在內）兩個月均於十二月底以前發給

六、派遣人員出國實習案

保留

七、加强福利委員會案

浦總經理說明　擬酌撥款項，交由福利委員會購買日用必需品轉售職工，以减輕職工生活之艱難，並擬照政府規定按資本額提出百分之五，計一百五十萬元爲該會基金，由總協理參加該會爲委員，可否請　公决

决議：通過

八、各廠負責人、綫路總持人應爲預備宿舍案

浦總經理說明　各廠負責人及綫路總持人宜居廠

房附近以利工作而臨時發生事故時亦有人負責主持除

第三廠已有宿舍外其他各廠尚無宿舍擬予建築或

先行租用

決議：通過由經理部份擬具計劃及預算提下次

董事會討論

九　公司建設計劃案

保留

十　職工投保團體壽險案

浦總經理說明　本公司為顧念職工安危計宜擬定

團體壽險規則十條採取自保辦法保費由公司負擔

每年應計三十六萬元是否可行請 公決

決議：通過

十二、公司負担十月份福利委員會借米辦法案

補充說明 本公司為職工向民食供應處、[illegible]及中粮公司每月備米七百五十石在十月份平均米價為五十六元十月實漲至九十二元一部份職工已照舊價繳納食米公司為体恤職工而免找補起見本月份增加之米款共計貳拾伍萬捌千元擬由公司負担可否請 公決

決議：通過

臨時動議事項

一 改定董監輿馬費案

決議：改定董監輿馬費如後自本年一月份起致送

職別	輿馬費	夫馬
董事長	一五〇〇元	一五〇〇元
常董	一二〇〇元	一二〇〇元
董監	八〇〇元	八〇〇元

二 補總經理辭職案

決議：慰留

主席 康心如

康心如印

重庆电力股份有限公司临时董事会纪录（一九四四年二月七日）　0219-2-326

重慶電力公司臨時董事會紀錄

時間：三十三年二月七日午后三時

地點：本公司會議室

出席人：

石竹軒（印）

周季悔　石竹軒代

王君韌　陳方舟代

杜梅和　潘仲三代

徐廣遲　陳方舟代

郭宗識

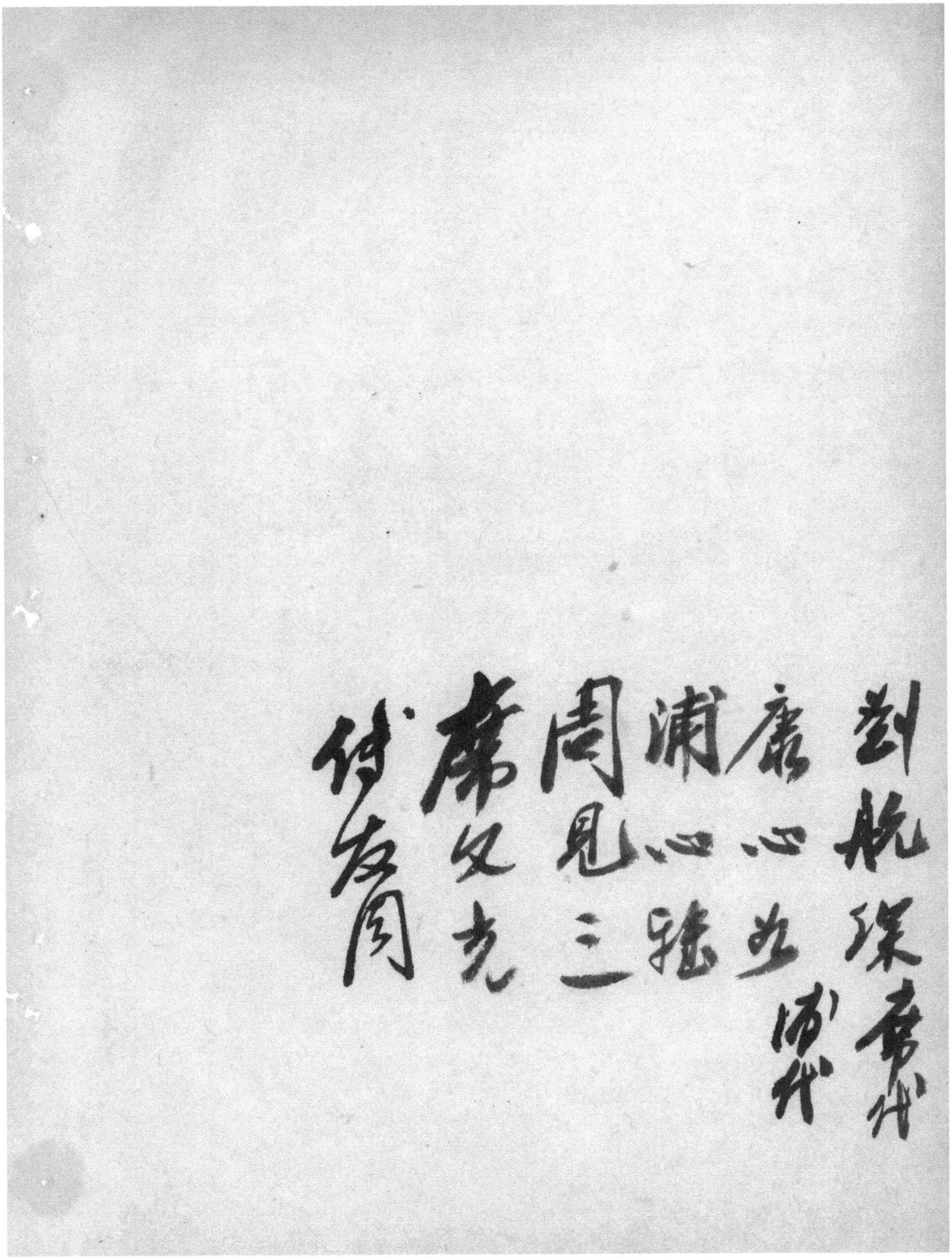

刘航琛 康代
康心如 浦代
浦心雅
周见三
席文光
傅友周

列席　程本臧　黃大庸

主席　石竹軒

紀錄　闞倬雲

報告事項

一、購料借款及透支之月息自上年十二月份起改為二分案

浦總經理報告　交通銀行以本公司各户借款利率平均不足一分五厘現該行各種存款放款利息均經提高出請自去年十二月份起將購料借款及透支二户利率改按月息二分計算業已簽允請予追認

決議：照追認

一　到印材料轉運情形案

浦總經理報告　新購存印之器材其中鍋爐零件等已運抵重慶電表及一千瓩齒輪箱等已在由昆運滬途中現惟水泵尚在狀不魯加待機內運已在各方催促請求俟水泵飛昆後公司在印已無器材矣

一　三十二年度十一、十二月份收支概況及年度決算案

黃科長報告　三十二年度十一月份電費收入二八、四九一、四八三、〇三元營業收入一四、〇六七、四〇〇元雜項收入七一〇、三〇〇、七五元共收入二九、二一五、八五二、一四〇元除經常開支二七、八七〇、七二九、二〇元特項開支八二五、八四八、〇〇元共付二八、六九六、五七七、二〇元兩抵盈餘

14

五一九、二七四、九四四元　十二月份電費收入二九、〇五九、五五五、一五元營業收入一四、六一三、二〇元雜項收入一、一〇二、二六八、八一元共收入三〇、一七六、四三七、一六元除經常開支三〇、〇四六、二五八、七一元特項開支一、〇四六、〇〇六、〇〇元共付三一、〇八八、二六四、七一元品迭虧損九二、八二七、五五元

三十二年度年終結祘　收入方面（一）電費收入二〇六、〇二〇、六九九、三〇元內計電燈收入九八、九七九、五八八、八〇元電力收入九四、五六〇、九四五、六六元電熱收入八、二三一、六九五、九〇元路燈收入一二、六六一、二〇元補繳電費收入一七七、五八四、七〇元自用電度收入五八、二二三、〇四元（二）營業收入一〇七、三三一、〇〇〇元即業務手續收入一〇七、三三

一、〇〇元(三)襍項收入八、八五九、五五四、五七元內計利息收入二三〇、二一八、六三元房地租金五六、六二六、五八元售貨利益一六三、三二九、四六元補助費七、四〇六、〇一九、六五元匯兌利益材料盤盈九一〇、五七〇、二五元其他收入八八、五九四、〇〇(一)(二)(三)項收入共計二一〇、九八七、五八四、八七元

支出方面　(一)經常開支二〇三、三八四、九二八、四〇元內計發電費用一三八、五七一、八九七、一九元供電費用一六、五三八、七一九、六六元營業費用一三、九五七、三六四、五二元管理費三四、三一六、九四七、〇三元(二)特項開支一、二四一、六五七、三六元即戰時損失一、二四一、六五七、三六元(一)(二)項共計支出二〇四、六二六、五八五、七六元收支相抵三十二年度計共盈餘

六、三六〇、九九九、二一一元
惟支出方面(一)折舊計算以戰時物價飛漲照原定比率提存之折舊準備決難重置原有之固定資產乃於一月份照原定比率增加二倍二至十二月份照原定比率增加五倍計算全年共計攤提折舊一四、五二二、〇五七、四一一元(二)空襲損失 公司未保資產為恐不幸被炸每月提存空襲損失準備八〇〇、〇〇〇、〇〇〇元一至十二月份共計攤提被炸損失九、六〇〇、〇〇〇、〇〇〇元(三)保險費、準備以公司投保兵險資產多未足額乃將超過兵險保額部份作為自保每月提存保費準備四五五、〇〇〇、〇〇〇元一至十二月份共計攤撥保費五、四六〇、〇〇〇、〇〇〇元旋奉 經濟部批示折舊率宜依照規定辦理空襲準備損失亦應於盈餘項下提存故年終結算時遵照部令辦理將超過規定部份之折舊費一、五四八、八〇九、〇四元及被炸損失九、六〇〇、〇〇〇、〇〇元全部撥轉抵銷費用又因去年幸未被炸其兵險保費除實際付出七三〇、六九一、六七元外所有提作自保部份之保費四、七二九、三〇八、三三元亦予撥轉(一)(二)(三)項共計抵減費用達二五、八七八、一一七、三七元是以本年者可獲利六、三六〇、九九九、二一元否則三十二年度當無盈餘可獲矣

討論事項

一 三十二年度防空設備撥提照年內攤提完結案

浦总经理说明　本公司各处防空设备原照规定五年内摊提三十一年度以前所设备者去年度已摊提至第四年此年即可提尽惟三十二年度设备共须约一百廿余万元刻已胜利在望此项设备拟于两年内摊提完结以符实际可否请公决

决议：照案通过

一　三十二年度各种捐款案

浦总经理说明　三十二年度公司捐出子弟校区党部产业工会训练班识字班等经费及各学校基金湘鄂前线将士慰劳金等共洋八十五万九千六百六十二元五角四分请

予追認

決議：照追認

一 收費股收費競賽辦法案

決議 照擬通過

一 職工出勤津貼暫行辦法案

決議：照擬通過

一 張科長進人被承裝業職業工會工人毆辱案

浦總經理報告 本市承裝工匠每為用户包裝煤表而奉令新用户非經主管核准不能裝接承裝工會因呼籲不遂竟於本年十月十七日在途毆辱業務科張科長幸

南大場現正按一定手續分請治安機關核辦
決議：除請治安機關嚴辦外並應將奉令停裝新戶
經過登報公告

一 資產增值案
浦總經理說明 閲政府核准有關國防之工業量予將
原有資產增值以示體恤公司已以董會名義分向市政府
及經濟部請求將原有資產三千萬元申值至九千萬元
另加收現金股本一千萬元合為股本一萬萬元
決議：如增值須納稅不合算請總經理洽辦

一 獎助職員自費出國留學辦法案

決議：照辦

一　派遣工程人員出國實習案

浦總經理說明　本公司為響應政府培植人才起見擬每年派三員出國實習規定業務管理綫路管理廠務管理各一人其人選須大學畢業在本公司服務最久著有成績地位在股長以上並具有才能可期深造者為標準現請求出國者共十三名其中三人已考取自費留学尚有十人第一年擬派業務科副科長余克稷工務科副科長宗達奎第三廠主任盛澤劃三人餘再依次按年派遣

決議：通過

一 訂期召開股東會案

決議：訂三月十日下午二時在本公司

一 職工疾病醫藥規則案

決議：照案通過

一 用電檢查組辦事細則案

浦總經理說明 本公司每月抄見度數約為發電度數之百分之七十其餘百分之三十為線路損失及竊電損失約佔百分之一五）照現在電費收入每月竊電損失約須達四五百萬元之鉅如能減少一半每年當可多收二千萬元數字殊足驚人以往設有竊電取締組因成績不佳改由稽查股辦理

亦少見成效，現擬改設用電檢查組，直隸總協理，並擬由本人兼組長，作為本年度中心工作，徹底整頓，其詳細辦法已擬就，請審核

決議：通過

一、收費股加班飯貼擬照四並津總額提給百分之十案

浦總經理說明：本公司電費數字日鉅，必須隨時提前收進，以減少利息之損失，故規定收費股收費員每日必須在外工作至午後六時，返公司後交帳領票，尚須相當時間，按該股內勤人員亦須與外勤配合，六時後仍須工作，以是該股之經常工作時間超過公司規定辦公時之鐘點，營業處有加班津貼

薪津則因其他部份紛紛援例加班開支數字日增迭予取消其逾時工作並臨時由公司供給膳餐以示體恤嗣因清真等因係習慣不同改給飯貼乃各部份又援例請支數字隨之增加茲為力求撙節起見擬將收費股內外勤人員確須經常逾時工作者由科造表送核每月照薪津總額之百分之十給予特別津貼其他各股不得援以為例職務調動時是項津貼隨之取消以昭覈實可否請公決

決議：照擬通過

一、散會

主席 石竹軒

重庆电力股份有限公司第七十九次董事会纪录（一九四四年二月二十一日） 0219-2-326

重慶電力股份有限公司第七九次董事會紀錄

時間：三十三年二月二十一日午後三時

地點：本公司會議室

出席人：

劉航琛

康心如

杜梅和　潘仲三代

浦心雅

周見三

徐廣遲　陳子修代

王君韌

甯芷邨
周季悔 浦代
傅友周

列席人：程本臧 黄大庸
主席：周見三
紀錄：閻偉雲

甲 報告事項

一 資產增值案

浦總經理報告 關於資產增值事前具呈經濟部及市政府請求增值為九千萬元另收現金股一千萬元茲已奉經濟部批示以資產估值增資辦法現正在呈請核示中應俟上項辦法奉准後再行核辦云云 聞增值稅仍由政府作為補助如果屬實有利無弊擬請提請股東會通過原則授權

董事會相機辦理

決議：照辦

一 到昆齒輪箱及電表等轉運情形案

浦總經理報告　一年半以前所購一千個齒輪及電表等器材已運抵昆於元月廿七日由昆裝車運渝接押運員沿途報告十六日已離貴陽想不日即可到達現留印度材料祇鍋爐鑽水器一部亦需用甚急正不斷催運尚未接起運消息

乙　討論事項

一 本公司與自來水公司技術合作案

浦總經理說明　依照上海閘北電廠辦法自來水以沉清之水免費供給本公司第一廠凝汽器所需之一部份循環水（每小時六百噸至一千噸）以本公司在第一廠發電期間繼續供給該公司起水所需之電力（六百瓩）為互惠條件，因合作辦法所須增添之設備由雙方各自出資辦理，本公司應辦事項即由噴水池開鑿水溝至凝結器進水管，再由凝結器出水管敷設水管或水溝至第一廠門口人行道，並敷設第一廠與自來水公司起水廠間之電力及電話專線，惟自來水公司之新沉澱池尚未開工建造，為提前實施合作辦法起見，先由該公司起水站之立式唧水機敷設管道至第一廠之蓄水池臨時供給原

22

水公司則須改建蓄水池使易於沉澱污泥均限於四個月內完成該公司之新沉澱池則規定在本年之底前趕工完竣一俟新沉澱池落成該公司即須以清水供給公司應辦事項雖需費用約六七十萬元但因循環水温度依其室高可以節省燃煤並增加發電力量事屬兩利擬與該公司簽訂合作契約仍茲將合約提請審核

決議：原則通過合約認可

一 股東會議程案

浦總經理說明　茲擬就股東會議程請公決

一 搖鈴閉會

二 報告到會股數及權數
三 公推主席
四 全體肅立向 党國旗及 國父遺像行三鞠躬禮
五 主席恭讀 國父遺囑
六 主席致開會詞
七 總經理報告三十二年度業務狀況及決算情形
八 監察人報告審查三十二年度决算書
九 討論三十二年度盈餘分配案
十 討論公司資產增值案
十一 改選監察人

23

决议：通过

丙 临时提议

一 浦总经理提议 公司为奖励员工储蓄起见似可每月照员工薪津总额酌给若干成作为员工年终奖酬准备

请讨论

决议：每月由公司照员工薪津总额加给百分之廿作为员工储金

一 散会

主席 周见三

（印）

重庆电力股份有限公司临时董事会纪录（一九四四年四月二十七日）　0219-2-326

重慶電力股份有限公司臨時董事會紀錄

時間：三十三年四月二十七日下午三時

地點：本公司會議室

出席人：

周見三
康心如　周代
劉航琛　潘代
[illegible]
梁平
[illegible]
[illegible]

壽芷邨
周季梅
徐鸞達
劉敷五代

主席：周見三
紀錄：閻偉雲

甲 報告事項

一 第二廠一千瓩機裝修情形案

程協理報告第二廠一千瓩渦輪箱經二年之時間費盡氣

力方於本年三月一日運抵重慶經積極裝修現已工竣輪替換發電以便另一機器可畧事修理五月五日起兩機可同時發電供應輪流停電辦法可暫取消但不擬向外宣佈

決議：准予備查

一 鍋水泵運輸情形案

程協理報告本公司存印器材祇剩鍋水泵及鍋水管兩箱鍋水泵前奉工礦調整處三月三十一日通知以裝箱過重經拆裝後分為三箱已運抵狀不魯加本月內可望裝機運昆惟至今尚未續接消息至鍋水管在卡拉其加爾各答運輸途中遺失已函駐加辦事處代表向鐵路當局交

涉賠償事是項水管國內尚可配購也

決議：設法催運及交涉賠償

一　調整電一煤廠情形案

浦總經理報告本公司所屬電一煤礦公司因產運不能配合管理未臻健全有調整之必要茲擬定辦法如下

(A)　產運方面

一　暫將產量減至每月一千五百噸

二　儘速增運每月至少運足三千五百噸

三　存煤儘三個月內運完再行配合運量慢慢增產

(B)　管理方面

一 經副理應常駐白廟子兼顧產運事務駐城辦事處着即撤消陳西黎調回電力公司派充材料股副股長劉大有調回電力公司在燃料股辦事

二 由電力公司函商天府將鐵路運費改在重慶撥付以免滙兌之煩連應付船戶水脚統由電力公司燃料股代付代扣

三 電力公司應付煤款每月匡算匀分三次匯交存北碚中國銀行並通知入帳城内往來各戶即行結束煤款每月結算一次前欠每期扣還五百元

四 即行詳編開支預算送核預算以内之開支應由經副理

會簽核支，其未送印鑑者應照補送。其預算以外之開支，概先陳經總協理核准，不得進行與動支。

五 會計股隨經副理移駐白潮子，應遵照所訂會計處理辦法切實辦理，各種日報必須逐日寄出，不得積壓。

六 產運及財務情形，應每月造具產存運及收支各表函報一次，其他較重要事項並應隨時報核辦理。

七 所產煤觔應悉數供給電力公司，非有必要陳經核准不得外售。

決議：備案。

一 路燈管理處欠費案

程協理報告查全市路燈二十七年至二十九年為一七三八盞嗣因轟炸損失經會查一次盞數為七九三盞三十二年七月以後又增為八三三盞現路燈管理處積欠公司二十七年至二十八年三十二年七月至十二月電費經多次洽商結果卅二年底前之欠費一律以七九三盞計算改製票據由市府清付請予追認

決議：准予追認

一　用電檢查組檢查報告及擬處理竊電用戶一辦法案

據總經理報告自政府限制新用戶以來竊電用戶日漸增加不但公司損失且裝置多不合規定隨便任意浪費影響兵

工民生之產之動力甚大茲將原有窃電取締組改組為用電檢查組由本人及協理兼任正副組長曾擬具辦事細則於本年一月廿日第七九次董事會報請審核通過在案該項工作已自四月一日起實施先派員挨户檢查並隨時隨地不斷抽查茲據檢查報告窃電者大多數為憲警及党政機關工廠住户商店較少茲又函邀市工務局警察局衛戍總司令部及憲警機關在公司會商擬具處理窃電用户辦法如下

（A） 憲警暨稽查機關

一 擬請衛戍總司令部憲兵司令部暨警察局將必需用

電之附屬機關名稱地址開單交由電力公司（已裝表者亦請列入）一律裝表供電

二　憲警稽查機關裝表一律免收補助費保押金其已無表用電者並免繳賠款以示優異

三　擬請憲警稽查機關通令所屬裝表不得避表用電或供給其他用户用電如須移表應通知電力公司辦理如不續用并應通知電力公司將表折回

四　憲警稽查機關所裝之電表及其他接電器材擬請衛戍總司令部憲兵司令部警察局予以保障如有遺失被竊情事電力公司得請部局予以照價賠償

五 憲警暨稽查機關之電費一律照特價（即八折計算）

六 憲警暨稽查機關用電擬按月由電力公司派員抄表時請用電機關負責人在抄錄單上簽蓋證明按月由電力公司將電費收據連同抄錄單送請衛戍總司令部憲兵司令部暨警察彙總給付

七 憲警暨稽查人員之私人住宅用電擬照一般用戶辦理

（B）黨政機關

一 黨政機關之無表用電者一經查覺擬即為裝表呈報工務局備案

二 黨政機關仍照經濟部核定辦法照繳一切裝表費用並

照裝表後第一個月之用電度數繳付三個月至六個月之賠款

(C)工廠住户商店

一 工廠住户商店之無表用電者一經查獲照經濟部所頒法規追償賠款其不遵繳者並擬請治安機關予以協助

二 查獲之竊電用户經繳付賠款後擬由電力公司每週報由工務局審查是否准予用電此項審查擬請從寬因已竊用無關自為如不核准仍必竊用更將影響竊電之整理也

決議：請總經理全權妥理與當局儘量協商以減少窃電情事

乙 討論事項

一 取締組裁撤人員之特別退職金案

浦總經理說明窃電取締組現已改組所有該組職員周靜誠歐文祿朱永芳朱大均吳緒珊楊震技工劉振凡胡國興劉金山小工高永壽黃海年高洪武陳泉興等暫無工作自辭退已逾四月除各送薪津四個月以表微忱現該員工等要求酌予增給究應如何請討論

決議：政府機関及各大公司行號發給職工遣散費至多

不得逾一二月本公司對該組員工除四月份外另發三個月實已優厚並由總經理所擬通過

一 大溪溝第一廠工友請撥地建築工人宿舍案

程協理說明自來水公司建築水池收買大溪溝河邊地皮內有本公司工友自搭住屋甚多現自來水公司迭催他遷該工友等以無家可歸請公司撥地建築工人宿舍或名借支國幣伍萬元自搭房屋究應如何辦理請 公決

決議：在公司經濟可能範圍內計劃建築簡單工人宿舍

一 職工外勤津貼調整案

決議：照原規定辦法調整

一 職工請求調整薪俸案

決議：仍照定案辦理

一 職工婚喪借支辦法案

決議：照所擬通過

主席 周晃三

重庆电力股份有限公司第八十次董事会纪录（一九四四年五月二十日） 0219-2-326

重慶電力股份有限公司第八十次董事會紀錄

時間：三十三年五月二十日下午三時

地點：總公司會議廳

出席人：

石榮廷

徐廣遲 劉毅五代

刘航琛
康心如 浦代
浦心雅
王君韧
宁芷邨
周季悔
梁平

32

列席人：程本臧　黃大庸

主席：郭景琨

紀錄：錢健夫

甲　報告事項

一　最近供電情形與取消輪流停電案

浦總經理報告：本公司一年以來經不斷努力以求解決供應問題，現除第二廠之壹千瓩機已於五月三日修復後發電外，向五十兵工廠及中央造紙廠購電轉供約一千五百瓩，已與電力公司於三月廿五日發電供應李家沱工業區，減少本公司負荷約七百瓩，因是自五月自起暂时轮流停电办法取消惟每晚六时至十时之间需电负荷过重尤以第一厂为甚仍在五千六百瓩左右故是否可以长期取消轮流停电仍无把握现拟再行补救办法即以凡属第一厂供电区域（城区新市区及江北）之工厂除兵工及必需二十四小时继续工作者外应请提早上工每日下午六时前停工并请市政府发表公告并协助本公司检查组每晚派员检查如在下午六时以后尚在使用电力者一经查出即通知经济部颁办法予以惩处。二、并请主管机关将每安培准用十度减为七度超过七度者其超过度

加倍收费（三）呈请主管机关严禁电炉之使用及售卖一经查出即予没收上项办法分饬分别彻底实行对供应方面或可获得相当之调整

（决议）1.上项办法请总经理切实推进

2.取消轮流停电办法暂不宣布

二、三十三年度一、二、三、四各月收支概况案

（决议）各项表报准予备案惟会计应注意（一）上年度应收各款务须限期收清结账（二）每月份电费应以现金收入为准无论所收为何月电费即作该月份收入另立票据转帐以便钩稽而符实际

三

購水泵運渝情形案

程協理報告：本公司前購水泵二箱內管子一箱已在加爾各答遺失已報會備案水泵本身一箱因體積過重不便空運經折裝為三箱除水泵及底盤二箱已運抵昆明外其餘馬達一箱又為美軍誤提正請查中運抵昆明之件已委託經濟部工礦調整處西南區辦事處代為儘先運渝

四

呈請市政府轉咨財政部緩徵營業稅情形案

浦總經理報告：本公司營業稅前經政府規定應照千分之三十徵收三年來應付稅款已累積至七百

仟萬元再經濟拮据其他公司如民生實業公司及自來水公司皆未遵繳故本公司亦延未繳納前呈請市政府轉咨財政部准予緩征頃已奉到市府卅三市工字第340號指令准予轉咨財政部核辦惟事關國家稅收恐難免征也

乙 討論事項

一 電費請加尚未奉准究應如何辦理請討論案

謝總經理說明：本年三月前以煤價增加即曾呈請市政府調整電費本公司原請電力費增為十一元電燈費為十四元奉經轉呈行政院經濟部後召集

首関方面開會審查認現行電力價加煤價調整費已為九元一角新電力價不應低於此數電燈價擬維持本公司原請數額嘗國家總動員會議後議決孔副院長主席以部府何以所核不同應交部府會同重核出席會議之主管均默未解釋致此案未能通過嗣由部府以經濟部所擬會呈總動員會議孔副院長復有可由政府補助之指示嗣當時翁部長曾表示如由政府補助照月非千萬以上不可此案仍無形擱置究應如何辦理請討論

（決議）請浦總經理先向經濟部及市政府接洽再請

部董事浦總經理向孔副院長陳述困難仍懇准
予加價

二、自來水公司積欠七百餘萬元究應如何辦理請討論案

浦總經理說明：自來水公司電費歷來
拖欠甚鉅前曾一度由公司代電市政府及內政部請
求責令該公司限期清付否則即行停電雖已由該
公司繳付一部份舊欠迄不按月清付至截至目前
止積欠已至七百萬元以上長此以往公司所受損失甚
大究應如何辦理請討論

（決議）務須設法使其償清請浦總經理先函該公司

潘董事長婉商自七月份起新電費請按月照付，七月以前舊欠分期償還，如該公司仍有困難不能履行，為公司計，并為協助自來水公司起見，可再電呈部府限期停電

三 電廠煤礦公司以鎮上存煤加入舊合約作抵增借四百萬元連前共為七百萬元案

（決議）照案通過

四 二千萬元透支合約自本年四月廿六日起延期一年并增加透支額一千萬元以三個月為期案

（決議）照案通過

0005 36

五、賻贈林百川君家屬案

經協理說明：本公司創辦時發電廠及供電設備均係林君所設計并負責建設，對於本公司不無功績，現林君已於去夏病逝，身後蕭條，所遺一妻三子，生活極感困難，擬請由公司酌予賻贈，以示篤念前勳之意，且勵來茲。

（決議）由公司賻贈林百川君家屬五萬元，以資撫卹，由總經理名義撥送。

主席 劉航琛

重慶電力股份有限公司第八十一次董事會紀錄

時間　三十三年六月二十日下午三時

地點　總公司會議廳

出席　康心如　劉航琛　胡仲實　杜梅和

浦心雅
徐广迟 张光代
王君韧 光代
宁芷邨
周季悔

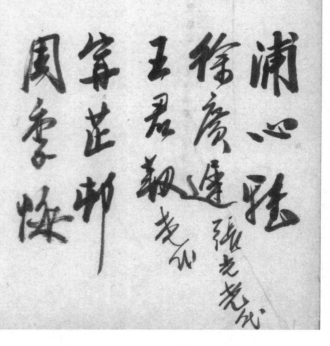

列席　程本臧　劉伊凡　張君樂

主席　浦心雅

紀錄　錢健夫

開會如儀

甲　報告事項

一、擬將職工喪葬費與卹養金辦法併計補助津貼案

浦總經理報告　本公司職工喪葬費依照卹養規則第二條之規定僅發薪工二個月值茲百物昂貴實不敷用擬參照原規則第十五條「在非

常時期核發卹金各項辦法按薪工額計算

外並將其最後所得各項補助津貼之半數合併

計算之規定凡屬職工喪葬費亦准發各項

補助津貼之半數即實發薪工二個月各項補助

津貼一個月以示體恤報請備查

（決議）照案辦理

乙 討論事項

一、本公司材料管理規則業經擬就提請公決案

（決議）通過

二、本公司職工保證規則及職工請假規則均

经分别拨款提请公决案

（决议）通过

三、新桥库房及建设新村两处押品交行函请分别补保兵火险应否照办案

（决议）价值问题解决后再行照办

四、富一煤厂业务增繁拟将组织规程第十二条"本厂设经理副理各一人"改为"本厂设经理一人副理二人"可否请公决案

（决议）通过

五、本公司故总务科长曹康圻积劳病故身后

蕭條請核給特別撫卹金案

浦總經理說明　該科長身故蕭條所遺寡妻稚子生活維艱除照本年發給喪葬費並撫卹等費外尚遺墊喪葬費用四萬貳千七百六十七元八角可否准予核銷並依照職工卹養規則第四條核給特別撫卹金請公決

（決議）遺支喪葬費用四六、七六七、八〇元准予全部核銷另予特別撫卹金捌萬元

六、職工附加薪津貼案

浦總經理說明　上年十一月廿四日臨時董事会

議决職工薪俸一律照正薪工附加百分之八百並依據月之零售物价指數為標準以後每加一千即照正薪工再附加百分之一百本年來零售物价激增本公司所接指數係中央調查統計局所供給社會部國家總動員會議所統計者為依照三月份附加薪工之增至1700%四月份照統計數字須增至2200%因數額過鉅暫照三月份數額發放惟本辦法係基于本會所通過且職工生活費用因公司並不供給膳宿及一切實物甚不够數用亦係實

請究應如何辦理請公决

（决議）俟電價問題解决後再議

七、職工福利委員會組織規程業經擬就提請公决案

（决議）通過

主席 浦心雅

重慶電力股份有限公司第八十二次董事會紀錄

時間　三十三年七月二十日下午三時

地點　總公司會議廳

出席　杜梅和　王君韌　徐廣遲　劉穀之代

郭景琨
胡仲实
潘昌猷
康心之
浦心雅
刘航琛（浦心代）
傅友周

列席：程本臧　黄大庸

主席：康心如

紀錄：張君鼎

報告事項

一　總經理報告自三十一年五月任事以來公司重大事務之概略

二　提撥職工福利基金案

說明：依照政府頒佈福利金之規定

一、基金一項照公司資本總額國幣叁千萬元一次提撥百分之五計國幣壹百伍拾萬元交福利委員

會送本市可能實業館訂存被告具
（二）四、公司訂發職工薪津總額應按月提撥百分之
五、為福利社作福利事業經常費用
（三）職工所得薪津總額按月應扣百分之零點五
交福利社
（一）（二）兩項請董事會准予照撥，（二）（三）項從七月份起實行
決議：通過
討論事項
一、請求加價未奉核准，致由政府自六月份起按月津貼
壹千萬元，并派員駐在公司隨時考核監督人事

43

財政會計應如何辦理案

決議：改加價為津貼既係國策自應遵從惟按月津貼壹千萬元不敷甚鉅應請求政府依據實際成本增加津貼數額并自調整煤價之三月起先行撥發並本月四日以資周轉並派員駐在公司隨時考核監督人事財務會計一層祇求與其他公用事業同樣辦理并推康潘胡徐郭五董事隨時協助總經理進行

二 燃煤超額成份攤列入煤價調整辦法調整案

決議：通過

三、職工薪津應如何調整案

請總經理說明 本公司薪工津貼調整辦法自去年十月份經董事會修改實施後因最近數月物價指數飛增後閱五日見漲大去年十二月份薪工津貼數額為六百七十餘萬元本年一月份增至七百萬元二月增至七百八十餘萬元三月份一千萬餘元不得已於四月份起暫停調整嗣加薪工該月應發數額為一千一百一十六萬餘元五月份起薪工津貼一律暫停調整仍照四月份暫發數字發給以待董事會之解決現六七月物價指數表尚未收到五月份指數

薪俸工津貼數額應為一千三百餘萬元相差甚鉅職工送來要求依照科長上次董事會議決議俟電价問題解決後再議現在加價尚未奉准政府已允按月津貼壹千萬元究應如何辦理請 公決

決議：俟請准政府增加津貼後再議并先由人事委員會設處調整方案送會

四 電〻鍍廠賠累日鉅擬已停工并遣散員工案

說明：電〻鍍廠賠累日鉅本公司因電價不敷成本本身尚須繼續擔負貼補不少已經行停工酌留溫伯羣彭牧生周月樓張安樞〻蕭銀臣周域民余萬

以楊培根、盛海舟、張伯濟、程履中、鄧成林、陳駿馳、張嘉楷、陳伯候等十五員由該廠副經理支配，督率辦理保管事務外，其餘人員一律暫行辭退，并連本月份給原支薪俸三個月，聊表慰勞之意，可否，請公決。

決議：通過。

五、調整電表安裝補助費及賠償費案

說明：查本公司裝出電表被竊損失甚鉅，補充為難，單相一五安培電表每只市價為三四千元，三相一〇〇安培電表則超過十萬元，經濟部核定電表押金由每只六百元起至一萬元止相差甚鉅不得已酌收電表補助費前奉准接户材料照百分之百收補助費詎知遲至實行之際主管機關否認電表為接户材料之一種除繼續呈請增加電表押金以資補救一俟核准再行免收補助費外以後照目前議價分别收取電表安裝補助費及倍償費即倍償費照議價計算三相電表補助費照議價一律按收百分之五十單相電表補助費視安培大小計定補助費數目三相電表之配裝表用變壓器者該項表用變壓器照實價另收押金不收補助費

五、收購電表價格係照所定三相或單相議價與補助費之差額計算由總務科每月調查市價調整一次可否請公決

決議：通過

六、補總經理再請辭職案

決議：慰留

七、修正材料管理規則第九條案

說明：本公司第八十一次董事會議通過材料管理規則第九條凡各單位領取材料規定應送總協理或總工程師核准始能照發，各單位主管人之意見深

以地域窎遠而每項材料均須送總公司核定不但往返需時且稍有羈延即誤事機應擬酌予修正可否請 公決

附修正案文「各部份需用材料時須填領料單註明用途經各部主管核准憑單向庫房領取庫房須按月作成月報表送呈各部主管核簽後送總工程師總攬理核閱後方能送會計科做帳」

決議：照修正案通過

八、彌補電工器廠虧損案

說明：查本公司設電工器廠三十六年度虧損五

三六、七三六、八五一元，三十六年一月份廠損一六七、八二一、〇九元，二月份為五五九、六三五、七三三元，三月份為四六七、九六九、九三元，四月份為五八六、七二九、六八元。又該廠存煤因運輸關係例有廠耗，計自本年一月份至四月份存煤盤虧廢萬臣損失煤五六七、一五〇噸，每噸平均成本一、一三〇、三三元，折合國幣六四三、三三五、二六元，廢陵（白）損失煤七八六、九一〇噸，每噸平均成本一、三八六、五五元，折合國幣八五九、一七〇、〇六元，總計廠損三、八一七、三九八、二六元，擬由公司撥款補償是否有當，請公決

決議通過

主席　康心如

重庆电力股份有限公司临时董事会议纪录（一九四四年八月十一日） 0219-2-326

重慶電力股份有限公司臨時董事會議紀錄

時間 三十三年八月十一日下午二時

地點 民權路總公司會議廳

出席人

徐廣遲

王君韌 劉數云代

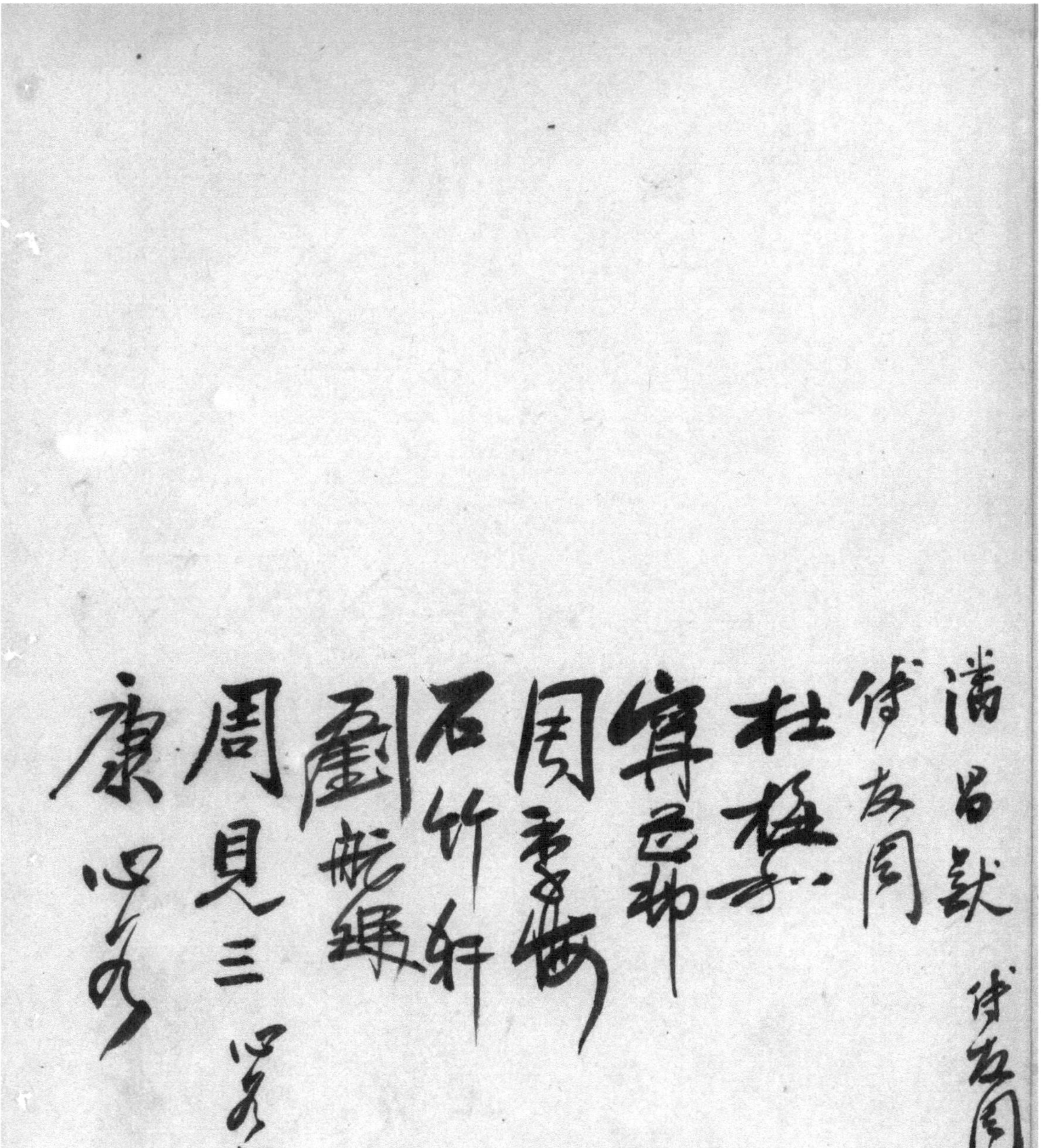
潘昌猷 傅友周代
傅友周
杜梅和
寧芷邨
周季悔
石竹軒
劉航琛
周見三 心如代
康心如

49

浦心雅

列席 程協理本誠
黄科長大庸
主席 康心如
紀錄 張君毅
◎討論事項
一、浦總經理堅請辭職案
決議 慰留另組維持委員會推舉康心如潘昌猷胡仲實徐廣遲郭景琨劉航琛浦心雅七人為委員負責辦理請求政府核加補助豁免營業稅及核給復廠借款外匯等事宜委員會辦事細則另定之

二

遷建與修建兩種工程附加電費案

說明二(一)遷建工程　遷建工程即鵝公岩第三廠工程經濟部核定預算為六百萬元經二十九年九月行政院第四八三次會議決除核定由國庫撥助四百萬元外另由四聯總處借墊二百萬元卅年六月十八日奉經濟部通知公司所負此項債額擬定電燈電力電熱一律每度附加五分以資償還自卅年六月起實行預計約卅一年年底即可償還清楚卅一年後向四聯總處加借三百萬元該工程自廿九年七月折機起至卅一年十月方全部完工因時間延長及增加工程費用超過預算甚鉅全部工

程共用一四、二七〇、九七〇元四角一分貸款二百萬元於廿二年三月十三日付清本息三百萬元於廿三年六月底付清本息共付利息七九二、五六八元四角五分費用總數為一五、〇六三、五三八元八角六分除國庫補助四百萬元外以電價附加償還之數應為二一、〇六三、五三八元八角六分自廿年七月開始收取附加至本年六月已收整整三年實收五、五三六、四四四元九角九分是項附加每月約為廿萬元至七月必不敷之數約為五百五十萬元

（二）修建工程　修建工程即大溪溪廠之鋼管水泥保護工程公司預算為六百七十萬元

三十一年二月十四日奉经济部通知案经行政院会议决议通过由国库补助一百七十万元其余五百万元由四联总处借垫卅一年四月廿九日奉经济部通知四联贷款五百万元以电价附加为偿还该款限十年还清拟定电灯电力电热每度附加一角五分自卅一年五月一日起实行是项工程于卅一年三月十四日开工七月底完工因加做电灯保护工程及修改设计费用超过预算全部工程共用七、四七二、六八三元六角四分贷款五百万元于卅三年一月底付清本息利息为八五五、二二四元費用總數應為八、三二七、九〇七元六角四分，除國庫補助一百七十萬元外，實行附加償還之數應為六、六二七、九〇七元六角四分，自廿二年五月開始收取附加，至本年六月已收兩年又二個月，實收一三、六三一、九八四元一角五分，超過應收數目達七、〇〇四、七六六元五角一分。七月份票價照製出是項附加每月約為六十萬元，故已多收約七百六十萬元。遷建附加未收，至修建附加已多收者併上一起多收約二百卅萬元，惟遷建工程上有下列三項開支應報銷

0000 52

一、冰塔預備木料已向興華木業公司訂購價五十八萬元現該公司已倒閉僅交貨五分之一已向保人追繳中並另行補購約一百二十萬左右

二、三廠須用十二磅鋼軌約四千呎因當時無處購買向水泥公司及廿五廠借用現中國興業公司已可定製以每噸廿萬元計約須四百四十萬元

三、修建工程處員工曾由經濟部令飭發給獎金該處員工願將所得獎金移助福利社是項獎金尚未核定

加上上列三項開支則二種附加應收至本年年底

现经济处会报核拟将该两工程用支及已收附加列表呈报并请准将附加收取至本年年底一面完结本料铜轨并请董会核定奖金是否有当请公决

决议：公司机器迁成三厂并加建防空设备将来复厂工作及所需费用至为繁钜似宜继续照收以资贴补至修建员工奖金数额可查照承办迁建修工程人员按工程完结时所支薪津数额核给四五十万元之数拨作员工福利报会备案

三　第二厂保护设备案

說明：廿九年遵經濟部指示在第二廠發電室部份建築木架上鋪鐵板沙袋以保護機器是項保護設備僅能妨避炸彈碎片不能抵擋直接命中且附近落彈有被震倒反而損壞機器之虞實際毫無用處而妨礙殊多尤以通風不良沙子漏落為害尤烈甚事實上沙包早已拆除等於一個空架今年後裝機器又將有礙工作及有妨值班人員視線部份拆除最近安裝未拆部份有倒塌之危險為機器安全計不得不全部拆除呈報經濟部備案現奉經濟部批覆一切責任應由本公司負之究應如何安置

應否重建擬請 公決

決議：本架保護設備限於空防無濟而反有妨礙工作自可不必重建防範安全須照第一廠建築鋼筋水泥保護工程需費甚鉅又非本司財力所及可復請經濟部核示

主席 康心如

重庆电力股份有限公司第八十三次董事会议纪录（一九四四年十月二十日） 0219-2-326

55

重慶電力公司第八十三次董事會議紀録

時間 三十三年十月二十日下午三時

地點 本公司會議廳

出席

杜梅和 潘仲三代

潘昌猷 劉代

康心如 心雅代

浦心雅

徐廣遲 劉[illegible]代

劉航琛
寧芷邨
周季悔

列席 程協理本臧

主席 浦心雅

紀錄 張君鼎

報告事項

一、國家總動員會議會同各機關派員七人於十月十二日起

前來公司考核業

說明　國家總動員會議令同加檢閱派員前來考核一案曾於十月晉維持委員會第四次會議提出報告現該會議派定專門委員陳松年專員柯瑞麟經濟部派定電力司科長張法新社會部派定勞動局稽員薛仲年重慶市政府派定工務局主任秘書江法潛科長鄧卓哲四聯總處派定考核科長吳長賦已於十月十二日起前來公司考核現正逐日考核中

二、五十兵工廠非正式要求租借營業區域案

說明　本公司自三十二年十月起向五十工廠購電約一千二百瓩轉供水既廠及龍門浩一帶購電費用係照實用度數

又本公司電力售價九折計算現經濟部核定已將電力公司電價電力價為六十五元電燈為四十元較本公司電價俱高數倍因而五十兵工廠非正式要求租借本公司一部份營業權俾該廠可照已將電力公司電價直接向用户收費現在九折計算原不足以補償線路損失及管理費用欲向用户直接收費固於公司無損如果五十兵工廠正式提出要求似可據以轉呈經濟部並限期其核准不過藉以表明而已一案提經維持委員會第一次会議決議「非正式答復該廠由該廠自行向主管機關請求如果核准再議租借辦法」等語紀錄在卷提会請予備案

决议：照维持委员会决议办理

三、政府颁发战时公营私营企业请求调整价格或政府补贴考核施行办法案

说明：国家总动员会议为稳定物价维护生产兼筹并顾起见，经拟具「战时公营私营企业请求调整价格或政府补贴考核办法」，呈经行政院三十三年八月二十八日义参字第一八三一三号指令修正公布施行，现公司已奉到工务局转发是项办法

讨论事项

一、李家沱供用电资产案

說明 李家沱原非本公司之營業區域，三十年奉經濟部令延長線路至李家沱供給該工業區用，三十二年巴縣電力公司成立，本公司放棄該區供電權，巴縣電力公司電廠已於本年三月二十五日完成發電，同時公司即停止輸電，公司在李家沱所裝設之供用電設備如何處理，經與巴縣電力公司一度商定原則如下

木桿線路橫擔等（四月估價為國幣二百六十八萬零五百九十七元八角）作價由巴縣電力公司收購，變壓器電表等（四月估價為國幣七百零一萬四千二百五十九元）暫由巴縣電力公司租用，定期由公司拆回，正在商討租約及協議

價格中巴縣電力公司要求連變壓器電表等全部
價讓原裝李家沱之變壓器為六百、二百、五十開維愛
各一具六百用途較少似可價讓其餘二具以收回為是
至電表數量不多不妨價讓一案提經八月二十四日維
持委員會第一次會議決議除二百開維愛及五十開維
愛變壓器不擬出讓請巴縣電力公司限期歸還外其
餘木桿電線磁瓶橫担六百開維愛變壓器及電表等
均照出最近市價讓售並應在九月份內收清價款逾期
全部拆回」等語紀錄在卷茲接該公司函復請由工礦調
整處照核售全部新材料估價為八百三十四萬餘元與

本公司所估計價格一千二百五十萬六千二百七十九元七角二分，相差甚鉅，究應如何辦理，請 討論。

決議：照維持委員會原決議辦法，由經理部依照本標減了結，以九折為限，款項於一個月內一次付清。從前施工礦洞墊支電代做二百開維愛發壓縮二具，應歸本公司照原價承購。

二、請求緩征營業稅案

說明：本年八月十七日電請經濟部、市政府轉咨財政部暨轉呈行政院准在抗戰期間緩征營業稅一案，茲奉經濟部九月二十二日批示略開：「准財政部九月十二日函復略以該公司係商營事業，營業稅法並無免稅之規定，仍應依法照征。原電所請在抗戰期内緩征營業稅一節，於法無據，礙難照准。准函前由，相應復請查照轉知，將積欠稅款迅速遵繳，以維國帑而裕庫收等語。近又接到通知，飭進納四、五、六月稅款三百五十餘萬元，應如何辦理，請討論。

決議：再行申請緩征。

三、五十兵工廠請攤派取領政府津貼一千萬元及商討續訂合同案

說明：本公司奉令向五十兵工廠躉購剩餘電流轉供南

岸龍门浩水泥廠一帶用户於去年九月与該廠簽訂供用電合同現已滿期該廠函請商討續訂合同手續並以本公司自上月份起每月領取政府津貼一千萬元要求將所領津貼按全市用電量及該廠供電量比例攤派究應如何辦理請　討論

決議：歸電轉供在本公司只有賠累並無利益惟請核察續訂合同

四、政府派募公債減為二百萬元案

說明　財政部公債籌募委員會重慶市分會通知本公司應購三十二年同盟勝利公債六百零七萬八千元案

60

曾提请九月十四日维持委员会第三次会议决议「先行申叙公司困难，请予免派」，当即函请该会免派有案。兹接复函略称「查本届公债依照财政部颁推销实施办法规定，公营事业亦为派债对象之一，该公司依营业额所派债额自应照缴，惟据营业亏累，现正由政府按月补助，自属实情，特予变通办理，兹检附自动认购书一份，即希自动认购债额或若干元，再行注销原派额，用维募政」等语，究应如何办理，请 讨论

决议：候公司经济宽裕再行认购

五、经济部催办发还已收电表补助费案

说明　查经济部送令本公司發還已收電表補助費一案曾於九月十四日提經維持委員會第三次會議決議"在國家總動員會議補貼辦法未解決前暂不討論"現經濟部函催市府查明本公司所擬增加電表保证金之數額是否為重慶市議價之半數並查照本公司已收電表補助費數額擬具限期發還辦法市府轉令公司遵照先將各批辦理並將來遵前批各節逐行聲復究應如何辦理請　討論

決議：照維持委員會決議辦法辦理

六　社會局召集各機關首長會商解決公司職工薪俸案

说明 本市党部及社会局据发本公司职工代表之申请先后于本月七日及十一日分别召集各有关机关首长会同公司代表商讨公司欠发薪津一案经在社会局成立决议如次

(一) 电力公司五至七月份职工薪津补贴由公司从速发给清楚(已发半月借支扣还)

(二) 其余补贴请工务局併案予以调整(允两月应补发之薪津俟工务局对该公司补贴调整后即予补发)

(三) 职工请求解雇准依照非常时期厂矿工人受雇解雇办法办理

查第一項應補數為一千一百四十餘萬元扣除借支半月薪津五百八十餘萬元應發五百六十餘萬元應如何辦理請

討論

決議：七月以前欠發薪工補發中秋節借支之半月扣還八月以後照該局核定俟政府對本公司補貼調整後再行補發

七、討論本公司臨時維持委員會組織規程案

說明：查八月廿一日本會臨時會議決議討論浦總經理辭職案決議「慰留」另組維持委員會推舉康心如潘昌猷胡仲實孫廣庭郭景琨劉航琛浦心雅七董事

為委員負責辦理請求政府核加補助數免營業稅及核給該廠購機外匯等事宜，委員會辦事細則另定之等語，跟即組織臨時維持委員會，八月十四日舉行第一次會議，並討論該會組織規程案，決議「修正通過」。修正之點：第三條第一項計劃收支之平衡，第二項籌備將來該廠計劃及所需之資金，關於第三條第三項訂定員工之名額與待遇事宜，亟應積極辦理，由董事一人推定康董事心如，維持委員一人推定劉委員航琛，浦總經理心雅、程協理本臧、吳總工程師錫瀛五人負責計劃，應先召集各主管會商擬定辦法，提由本會核議，送

请董事会决定，并将维持委员会组织规程提付

讨论

决议：通过并报主管机关备案

主席 蒋心珠

重庆电力股份有限公司第八十四次董事会会议纪录（一九四四年十一月二十日） 0219-2-326

重庆电力公司第八十四次董事会会议纪录

时间 三十三年十一月二十日下午三时

地点 本公司会议厅

出席人

康心如

潘昌猷

刘航琛

甯芷邨

周季悔

徐广迟 刘袭三代

杜梅和

梁平

胡仲實

周見三

列席 程協理本臧

主席 周季悔

紀錄 張君鼎

討論事項

一 警察局請公司認購公債八萬元及桂花街鎮保甲請

公司認購儲蓄券一萬元案

說明　查各方向公司推銷同盟勝利公債及鄉鎮公益儲蓄券者多，已非絕現。警局要求認購勝利公債八萬元，又桂花街鎮請公司認購鄉鎮公益儲蓄券一萬元。為辦事便利起見，似應酌購，敬請　討論

決議：認購勝利公債四萬元，儲蓄券一萬元

二　修改職工房貼案

說明　查現行職工支給房貼辦法係經三十二年十月二十四日本會臨時會議決定原案如次　取消

原定房貼調整辦法改為副科長廠處主任以上月給一千二百元，股長、副股長、工程師、副工程師月給九百元，科員

工務員月給七百元見習技工月給五百元小工以級及學徒月給二百元以後每半年調整一次董事會核定之

現已屆滿一年似有調整之必要請　討論

決議：照現支房貼加一倍支給

三　第一廠職工補習教育經費案

說明　重慶市教育局會同有關機關擬在大溪溝主辦職工補習教育經召集當地各工廠會議決定以三個月為一期分高初兩班所需經費由政府負担一部份其餘由各工廠按照入學人數多寡比例攤派第一廠報名共已有二十七名月須攤派一萬元應否承担請

討論

決議：准予照撥暫以三個月為期

四、修訂營業章程案

決議：請程協理先行審查再提會

五、修訂奬助職員自費出國留学辦法案

說明　查奬助職員自費出國留学辦法提經三十三年七月本會臨時會議通過在案，前據鄭德鉅、歐陽鑑、苗樹腴、張先立、王德璇、朱春六人联名簽稱：竊職等去歲參加教育部自費留学考試，幸獲取錄，近政府開放自費留学出國禁令，擬即陸續出國，惟職等家少恒產，又

無積蓄舉凡仰事俯給之需以及求學費用所由出胥唯
薪給是賴前聞董事會為資助本公司職員自費留學
曾規定如係經政府考取得給予最後一次所領薪津半
數二年公司當局此種遠大而賢明之措置職等極深感
佩惟前項補助辦法並不照物價指數隨時調整以職等
負累之重薪津半數在目前已極感拮据若將來物價上
漲更將無法維持設職等就學時間為期二年來繼續
逢此需時半載若公司僅給予二年之補助費用亦將有半
載無法支持是以職等再四思維祇得冒昧據情直陳懇
請鈞座俯念職等艱辛提請董事會將上項補助辦法

酌予展長補助年限，准予延長半載，款額亦得按照物價指数加以調整，俾職等後顧無憂，得以安心向学。若有後能有寸進，皆出鈞座所賜也。又查去歲傅術藤君由英國工業協會資送赴英實習，行前曾蒙公司優予發給旅費薪津一個月，今職等困難情形有甚於傅君，用懇援例發給旅費薪津一個月，俾得早日起程，無任感禱。

應否修訂，請 討論

附原案第二三項原文

第二項 申請人應填具申請書（書式另訂）經總協理核定後，得按月借給該員出國時所領一個月薪金及加

項津貼之半數並無增減

第三項 按月獎助金定為二年在留學期內准計年資

決議之 章程不可隨便修改旅費准照傅斯藤原案各給予四千元

主席 周寄梅

重庆电力股份有限公司第八十五次董事会议纪录（一九四五年二月二十日） 0219-2-326

重慶電力公司第八十五次董事會議紀錄

時間　三十四年二月二十日下午三時

地點　本公司會議廳

出席

周見三

浦心雅

杜梅和

徐廣遲

劉毅旦代

康心如 代焜生

傅友周

劉航琛

胡仲實

寧芷邨 友周代

列席 程協理本臧

主席 周見三

紀錄 張君鼎

報告事項

一、戰時生產局成立重慶電力監理委員會案

浦總經理說明　戰時生產局為增強重慶電力供應以利生產起見成立重慶電力監理委員會聘請潘銘新馬維軌及本人為委員並指定潘銘新為主席其任務

甲、增加電力供應　乙、提高供應效率

丙、節省電力消耗

二、本公司呈請生產局向美洽購機炉器材案

浦總經理說明　本公司於三十三年十二月十五日開列緊急次緊急器材名稱數量包括三萬瓩發電設備呈請戰時生產局列入美國租借法案運華物資中聞除已核列一部

修器材并一千瓩發電設備二套外另為撥借滇某公司一千瓩發電設備四套即可由美起運來渝

三、電一煤廠復工案

浦總經理說明 三十三年七月二十一日本會第八十二次會議決議「電一煤廠賠累日鉅暫行停採并遣散員工」當時暫停辦理由因煤價不敷成本亦為利用機會以調整內部人事嗣政府實行貼補辦法而公司需煤復急遂於去年十二月十五日復工同時調整內部人事該廠經理一職改由本人兼任原任經理張儒修調任本公司用電檢查組副組長原任副理周則洵辭職改聘為顧問加派稽核一人最近煤價

70

已調整或可不致虧本

四、中央銀行借款五千萬元案

浦總經理說明 查本公司前以電價不敷成本請求政府核加電價或給予補貼經國家總動員會議核定自三十三年六月份起每月補貼一千萬元嗣又於去年十月份起增加補貼一千萬元新舊兩年因公司需款週轉以三十四年一月份至五月份應領補貼費作抵向中央銀行借款五千萬元月息二分每月底結付一次期限六個月本年一月四日起至七月四日滿期

五、三十三年度員工貸金獎金案

程協理說明 以往每年年終公司給予職工二個月之薪津之獎

金遇有盈餘之年另給紅酬三十二年度改獎金為貸金另發薪工兩個月獎金以示酬勞三十三年度應否照給一案曾於去年十二月二十一日提交臨時維持委員會第七次會議決議「查照工年成案辦理并報董事會」等語紀錄在卷請

追認

決議 本案係照舊案辦理自應通過照辦其他各案准予備查

六、本公司各發電廠負荷均重恢復輪流停電案

程協理說明 三廠負荷均重為維持機爐安全起見擬定分區輪流停電辦法呈奉主管機關核准一、三兩廠供電區域自

三十三年十二月廿一日起實行二廠供電區域自三十四年二月六日起實行維持委員會第七次會議決議，通過報董事會等語紀錄在卷請

追認

決議 備查

七、本公司職工子弟学校教員請求調整待遇案

程協理說明 本公司職工子弟学校教員每月薪金原為一千四百元津貼二千八百元另給米兩斗茲據福利社簽請增加薪金百分之五十津貼百分之七十每月每員增至六千八百六十元另給食米兩斗與市立小学待遇相仿業經照准自卅四

一月起價升請

追認

決議　准予備查

八、處理第一、三兩廠劣質煤觔案

程協理說明：本公司第一、三兩廠歷年堆積劣煤及揀出之夾石二百六十噸不能燒用已予核銷以符實際請予

追認

決議　准予核銷

九、自二月四日起燃煤加價本公司請求核加電價案

浦總經理說明：天府寶源兩公司來函自本年二月四日起煤

價增為三千九百六十元及四千三百元約加一倍有餘其他生活必需之物價亦漲一倍以上因是本公司每月開支需約七千萬元者現已約須一億四千萬元以上已呈請生產局經濟部及市政府請予核加電價電力價每度最低須三十二元電灯價每度最低須四十五元電力電灯同受煤價調整辦法辦理并將調整辦法改為「以到廠燃煤現價四千為標準以後每變動五十元每度增收煤價調整費五角」重慶電力監理委員會曾開會討論本案大致已決定即電灯第一級每度三十元第二級五十元第三級八十元第四級一百二十元電力每度二十三元七角電燈電力一律隨煤價調整每變動五十元加調整費三角五分議定辦

法俟由翁部長張秘書長會同簽請宋代院長核奪不久可望實施

十　本公司飯廳加建頂樓一層案

程協理說明、本公司辦公房屋不敷應用爰就飯廳加建頂樓一層由建業營造廠承包工料價二百三十二萬四千八百八十九元本月底可建築完成

決議　備查

討論事項

一　本公司臨時維持委員會案

說明　查三十三年八月二十一日本會臨時會議決議組織維持

委員會推舉董事七人為委員負責辦理請求政府核加補助豁免營業税及核給復廠購機外匯等事宜當時呈請經濟部市政府准予備案茲奉經濟部一月三十日代電以本公司各項業務均可由本公司董事會及總經理負責辦理無另組織該項機構之必要市政府二月十二日令同前情應否遵令辦理

敬請

討論

決議　交換意見後下次再議

二、定期召開第九屆股東會案

決議：定于本年四月四日（星期三）下午二時在公司召開

第九屆股東會

三　本公司營業章程案

決議：照案通過將原稿輪流遞請各董監核閱

主席　周見三

重庆电力股份有限公司临时董事会议纪录（一九四五年三月九日） 0219-2-326

重慶電力公司臨時董事會議紀錄

時間 三十四年三月九日下午三時

地點 本公司會議廳

出席 劉航琛 康心如 [illegible]代 徐廣遲 [illegible]代 [illegible]

胡仲實
寓若邨
周雪梅
甫心駿
傅彦周

列席　程協理本臧
　　　黄科長大庸
主席　郭景琨
紀錄　張君影

討論事項

一、三十三年度決算案

黄科長說明 三十三年度年終结算收入方面(一)電費收入四億九千八百九十六萬五千六百八十九元九角五分内計電燈收入一億九千七百零二萬九千七百四十四元八角六分電力收入二億八千一百零六萬三千二百九十四元二角五分電熱收入二千零五十七萬九千一百五十九元三角路燈收入二萬二千八百三十八元四角補繳電費收入二十萬零一千五百七十五元三角四分自用電度收入六萬九千零六十八元八角(二)營業收入(即業務手續費收入)一十二萬六千五百五十九元(三)雜項收入一億零八百七十九萬七千五百三十四元七角八分内計利息收入二十三萬九千七百六十九元零

五分房地租金收入一十万零六千九售貨利益二十四萬二千零五十五元二角二分補助費收入一億零七百二十一萬二千零三十六元九角二分物材料盤盈九十八萬八千五百零九元九角二分其他雜項收入九千一百六十三元六角七分

支出方面(一)經常開支六億二千三百三十三萬一千九百九十元三角八分内計發電費用三億八千零五十一萬五千零二十三元零一分供電費用七千零零九萬五千七百七十六元七角二分營業費用六千七百一十一萬六千七百八十元六角八分管理費用一億零五百六十萬四千四百零九元九角七分(二)特項開支(戰時損失)一百二十萬零六千二百六十七元零四分綜計三十三年度收入六億零七百八十八萬九千七百七十の元

七角三分而支出為六億二千四百五十三萬八千二百五十七元四角二分品

迭純損一千六百六十四萬八千四百八十二元六角九分所有三十三年度決算

是否有當敬

請

討論

決議 先請本公司會計師查明後送請監察人審核

(二)第九屆股東會議議程案

浦總經理說明 茲擬就股東會議程請公決

一、搖鈴開會

二、報告到會戶数股数及權数

三、公推主席
四、全体肃立向 党国旗及国父遗像行三鞠躬礼
五、主席恭读 国父遗嘱
六、主席致开会词
七、总经理报告三十三年度业务状况及决算情形
八、监察人报告审查三十三年度决算书
九、讨论三十三年度股息案
十、改选董事及监察人
十一、临时动议事项
十二、散会

決議 通過

三 請算自來水公司欠費案

說明 自來水公司欠費一案曾於三十三年九月八日及同年十二月二十八日提交臨時維持委員會決議，推康、劉、潘三委員洽商解決辦法」旋經本年二月一日臨時維持委員會第八次會議決議「三十三年四月一日以前每度照二元七角計算，三十三年四月一日起至九月底止每度照七元計算，概不另加煤價調整費及附加電費，三十三年十月一日起電價、煤價調整費及附加概照兵工用電一例計算」依照上項決議計算電費為「二、〇〇九、三六三.七七元」如照核定電價時期三十二年六月底以前每度照二元七角計算，三十二年七月一日起至三十三年三月三十一日止

每度照五元計算三十三年四月一日起至九月三十日止再每度照七元
計算則共應二六、〇八七、五一七、六七元以上兩項相差數目為五、〇七八、
一五三、九〇元如三十二年七月至三十三年九月按照兵工廠電價計算
共為三〇、二七〇、八八五、六七元以上三項辦法究應如何辦理敬請

討論

決議　自來水公司欠費照本公司電價計算為三〇、二七〇、八八五、六七
元既經臨時維持委員會第八次會議決議計算為二一、〇〇九、三六
三、七七元相差之九、二六一、五二一、九〇元准予免計惟以後必須照兵工
電價計算隨時清付

四　業務科工胡世合因公殉職請核給特別撫卹金及喪葬費案

說明　業務科小工胡世合於上月二十日上午在蒼坪街中韓文化協會飲食部執行職務之際被暴徒田凱槍殺身死，兇手田凱業已正法。胡世合安葬大溪溝对岸，照章應領卹養金為二十三萬一千三百六十四元五角，茲擬照職工卹養規則第四條之規定（因冒重大危險救護本公司財產以致殉職者得由總經理提請董事會核給特別撫卹金）請核給特別撫卹金六萬八千六百三十五元五角，俾湊足三十萬元以慰死者家屬。

再胡世合被槍殺後，全体職工及市民皆為激動，情形特殊，為應事實之需要，已先後墊付喪葬費八十六萬元。

決議　准特別撫卹六萬八千六百三十五元五角，湊足三十萬元以撫慰

其家屬另墊之喪葬費八十六萬元俟民事訴訟解決後以當事人
之賠款歸還

五 職員奉派出國實習辦法案

決議 通過

主席 郭泰禎

重庆电力股份有限公司临时董事会议纪录（一九四五年四月二日） 0219-2-326

79

重慶電力公司臨時董事會議紀錄

時間 三十四年四月二日下午三時

地點 本公司會議廳

出席 王君韌 劉毅之代
康心如 康代
康心遠
徐廣遲 劉毅之代

列席　程協理本臧

　　　黃科長大庸

主席　浦心雅

紀錄　張君影

主席宣佈本日到會董事不足法定人數改為談話會所有決議案件作為假決議

討論事項

一、審核三十三年度年終決算案

黃科長說明　本公司三十三年度年終決算業已辦竣請由會計師謝霖蘇祖南查賬完畢出具證明書所有三十三年

80

度資產負債表損益計算書及各項表報是否有當敬請

討論

決議 照提股東會

二、擬請政府隨時合理調整電價以維現狀案

說明 茲據本公司股東代表人范衆渠等致函本會擬請政府隨時合理調整電價以維現狀請提付股東大會討論等因應如何办理敬請

討論

附錄原函一件

逕啟者查本公司現行電價尚係三十三年七月所核定瞬將二年此

二年之中一般物價之高漲情形據中央調查統計局所編指數表生活指數由九七八六、八（三十二年上半年）增至七五八〇三、四（三十三年一月）計增加七倍強以煤價而言由每噸一千一百元增至四千三百元計增加四倍而本公司電價雖一再請求政府核加并經維持委員會諸公及經理部份奔走呼籲迄未奉准僅准自三十二年六月份起貼補一千萬元同年十月份起增加貼補一千萬元杯水車薪無濟于事致去年度公司虧累超過股本之半數瀕於破產之地步現在本公司之開支因燃煤工資及材料費用之繼漲每月又須一億六千萬元而新電價尚在政府審核之中每月收入連補貼在內僅七千萬元不敷甚鉅勢將無法維持本公司貢獻抗建任何犧牲在所不惜

但此後方唯一之大動力設備不應讓其倒閉特此函請
大會轉請政府從速核定新電價并隨時依照燃煤及物料工資增
漲情形合理調整以維現狀無任企禱 謹上
董事會

決議 提付本屆股東會討論

三 擬請政府配給足量與不攙石塊泥沙之煤以維發電案

說明 本會據股東代表人范崇實等函稱，謹陳者本公司機炉
之製造係配合重慶市煤質而設計者煤質太差不但影響機爐壽
命並容量亦將大減加煤熄火之事屢次發生公司到廠之煤每
星期取樣化驗水份常達百分之二以上灰份常達百分之四十六以上

者煤中掺雜石塊泥沙等不能燃燒之物浪費運力莫此爲甚最近且連此種劣煤尚不能足量配給例如三月份申請燃煤一萬弍千噸核准一萬一千噸其中燧川公司五百噸拒絕交運而資源之煤比配額少交一半以致隨時均有停電之虞謹請

大會提付本屆股東大會討論請求政府負責切實配給足量與不摻石塊泥沙之煤以維發電等語應如何辦理敬請

討論

決議　提付本屆股東會討論

四、請求政府與國營電廠同樣待遇以示獎掖民營事業案

說明　本公司股東羅震川等函稱

「敬陳者查扶助民營事業為國府既定政策而抗戰期中無論國營民營同為國家効力何分彼此然考諸實際民營事業負担捐税至為繁重以言國税則有印花税營業税所得税利得税地方税則有房捐地價税臨時尚有公債儲蓄券兵役優待金等攤派而國營電廠一概豁免不惟此也本公司電價亦同受政府管制電價之高低懸殊試以貴陽電廠為例電燈價每度五十六元電力價每度五十之自流井電廠電燈每度二十七元電力每度二十六元三角宜賓電廠電燈價每度二十二元電力每度十八元三角而本公司電價兩年來均係電燈每度十元電力每度五元國營電廠有加價之便利無捐税之負担且有各種平價物品之供應獲有專營權利之電氣事

業尚復如此他可想知其遠背國策為何如耶謹此提請
大會提付本屆股東会討論請求政府與國營電廠同樣待遇以示獎
掖民營事業之至意」等語應如何辦理敬請
討論
次議 提付本屆股東會討論
五、本公司職工出勤津貼及值班津貼案
說明 本公司職工出勤津貼及值班津貼等原定每半年調整一次
最末一次係三十三年十一月一日臨時維持委員會第五次會議決議者
尚未屆滿半年三月初據用戶股職員簽稱近兩月來物價波動甚
鉅請酌加津貼經人事股核以三十四年一月份指數六九五四八、六較工

82-1

次調整時之三十二年九月份指數四九一三四、五起出二〇四二四、一計增加百分之四十一點五經理部份准自四月份起先行照辦補報本會以資兼顧茲據收費抄表兩股職員簽称以所加數目仍與實際物價相差甚遠每日奉派工作早出晚歸午飯一餐白飯三碗每碗五十元鹹菜一碟每碟三十元即此每日需二百元以上全月需六千數百元城區公共汽車往返一次票價一百二十元全月三十六百元之車膳費共計九千數百元之巨核定數目六千三百元之比較大相懸殊懇賜体恤等情前来應如何辦理敬請

討論

決議　照經理室核定辦法辦理

六、本公司智識青年志願從軍優待辦法案

決議 通過

七、三十三年度職工緩役金案

說明 查三十三年度職工緩役金證書費印花稅等計國幣二十一萬四千二百四十六元經三十二年十一月二十四日本會臨會議決議由公司負担現警察局繼續辦理三十三年度緩役事宜係時原有緩役證加蓋印章繼續有効緩役金照三十二年度增為五倍征收本公司應付總數為壹佰另柒萬壹仟貳佰叁拾元是否仍由公司負担敬請

討論

決議 照上年成案辦理

八、中央銀行借款一億五千萬元案

說明 本公司前以燃煤加價電價尚未調整需資週轉請由生產局核轉四聯總處准由中央銀行借款一億五千萬元其條件為一月至五月末抵借部份補貼費及六至十二月全部補貼費為担保由財政部為承還保證人還款辦法三至五月各還一千萬元六月至十一月各還二千萬元年底清償月息三分按月清付一次是否有當敬請

討論
決議通過

主席 浦心雄

0000 1

重慶電力公司董監聯席會議紀錄

時間　三十四年四月十日下午三時

地點　本公司會議廳

出席

周季悔
高芝邨
徐廣遲
劉航琛代
劉毅五
邓荣淼

穆杼斋
谢心准
刘航琛
虞心如　谢代
胡仲英、刘代
傅筱庵
涛为献　傅代

2

伍劍若

列席 黃科長大庸

閻科長丕題

主席 劉航琛

紀錄 張君鼎

一、歡迎新任董事及監察人

由第九屆股東大會臨時主席甯芷邨致歡迎詞歡迎各

董事及監察人就職

二、推選本屆董事長及常務董事

經衆推選潘仲三為董事長康心如潘昌猷胡仲實徐廣遲為常務董事並決議在潘董事長仲三不在渝時推劉董事航琛代理董事長

討論事項

甲、發付股東備支三十三年度股息日期案

本年四月四日本公司第九屆股東會決議股東備支三十三年度官息八厘惟未訂明開始發息日期敬請

討論

决议　自五月一日起发付

乙、拟请政府随时合理调整电价以维现状案

本公司股东会交议

兹据本公司股东代表人范众渠等函本会拟请政府随时合理调整电价以维现状一案请提付股东大会讨论等因经提付三十四年四月二日临时董事会决议提请本届股东大会讨论嗣经该会决议交本会负责办理等语纪录在卷究应如何办理请

讨论

34

附錄原函一件

逕啓者查本公司現行電價尚係三十二年七月所核定瞬將二年此二年之中一般物價之高漲情形據中央調查統計局所編指数表生活指数由九七八六六八（三十二年上半年）增至七五八〇三四（三十四年一月）計增加七倍强以煤價而言由每噸一千一百元增至四千三百元計增加四倍而本公司電價雖一再請求政府核加並經維持委員會諸公及經理部分奔走呼籲迄未奉准僅自三十二年六月份起貼補一千萬元同年十月份起增加貼補一千萬元杯水車薪無濟于事故去年度公司虧累超過

股本之半數瀕於破產之地步現在本公司之開支因燃煤工資及材料費用之猛漲每月又須一億六千萬元而新電價尚在政府審核之中每月收入連補貼在內僅七千萬元不敷甚鉅勢將無法維持本公司貢獻抗建任何犧牲在所不惜但此係方唯一之大動力設備不應讓其倒閉特此呈請大會轉請政府從速核定新電價并隨時依照燃煤及物料工資增漲情形合理調整以維現狀無任企禱謹上

董事會

決議　由劉代董事長負責辦理

4-1

丙 擬請政府配給足量與不攙石塊泥沙之煤以維發電案

本公司股東會交議

本會據股東代表人范崇實等函稱

謹呈者本公司機爐之製造係配合重慶市煤質而設計蓋煤質太差不但影響機爐壽命發電容量亦將大減加煤熄火之事屢次發生公司將到廠之煤每星期取樣化驗水份常達百分之二以上灰份常達百分之四十六以上者煤中攙雜石塊沙泥等不能燃燒之物浪費運力莫此為甚最近且連此種劣煤尚不足量配給例如三月份申請燃

5

煤一萬二千噸核准一萬一千噸其中燧川公司五百噸拒絶交運而寶源之煤比配額少交一半以致隨时均有停電之虞擬請大會提付本屆股東大會討論請求政府負責切實配給足量与不攙石塊泥沙之煤以維發電等語經提付三十四年四月二日臨時董事會決議提請本屆股東大會討論嗣經該會決議交本會負責辦理等語紀錄在案究應如何辦理敬請

討論

決議　由浦總經理負責辦理

5-1

丁、請求政府予國營電廠同樣待遇以示獎掖民營事業案

本公司股東會交議

本公司股東羅震川等函稱

敬陳者查扶助民營事業為國府既定政策而抗戰期中無論國營民營同為國家效力何分彼此並致諸實際民營事業負担捐稅至為繁重以言國稅則有印花稅營業稅所得稅利得稅地方稅則有房捐地價稅臨時尚有公債儲蓄券兵役優待金等攤派而國營電廠一概豁免不惟此也本公司電價亦因受政府管制電價之高低懸殊試以貴陽電廠為例電

燈價每度五十六元電力價每度五十元自流井電廠電燈每度
二十七元電力每度十八元三角而本公司電價兩年來均係電灯
每度十元電力每度五元國營電廠有加價之便利無捐稅
之負担且有各種平價物品之供應獲有專營權利之電
氣事業尚處如此他可想知其違背國策為何如耶謹此提請
大會提付本屆股東會討論請求政府與國營電廠同樣待遇
以示獎掖民營事業之至意等語經提付三十四年四月二日
臨時董事會決議提請股東大會討論等語並經該會決議交
本會負責辦理等語紀錄在案究應如何辦理敬請

6-1

讨论

劉代董事長負責辦理

決議

戊　本公司三十三年度虧損一千六百餘萬元超過股本三千萬元之半數以上應如何辦理以符法令案

本公司第九屆股東大會移送劉股東航琛臨時動議一案原案如下："查公司法規定股本虧損三分之一以上者應即清理現本公司虧損股本二分之一以上依法應即宣告破產否則應設法補救本席認為補救之方有三

一、請求政府補貼一千六百六十四萬八千四百八十二元六角九分

二、資產增值至六千萬元以上使去年虧損數字不及股本三分之一

三、請政府收購完應如何辦理請各股東儘量發表意見

決議 請求政府補貼三十三年度虧損一千六百八十四萬八千四百八十二元六角九分并請准許資產增值六千萬元以上完應如何辦理敬請

討論

決議 以資產增值方式增加股本為一萬二千萬元由劉代董事長負責辦理

、臨時動議事項

7-1

甲、浦總經理辭職案

決議 慰留

乙、自二月份起電燈電力電熱均加收煤價調整費先行辦理報請主管機關備查案

決議 通過由浦總經理負責辦理

丙、董監用電案

決議 董監用電每月在三十度以內不計電費其住所分為數處者得合併計算用電戶名以本名為限

丁、董監辦公費夫馬費案

決議

董監辦公費夫馬費仍照三十二年十月二十四日董事會臨時會議決議辦理自三十四年四月份起照職員一般津貼加支津貼在本公司有兼職者不支

主席 劉航琛

9

重慶電力公司第八十六次董事會議紀錄

時間　三十四年五月二十一日下午三時

地點　本公司會議廳

出席　康心如　浦代

周季悔　寧芷邨代

寧芷邨

陳勉修　張重俊代

徐廣遲　鄭[illegible]代

劉叢三

9-1

浦心雅

傅友周

劉航琛　甯代

程本臧

梁平

列席　劉科長伊凡

主席　甯芷邨

紀錄　張君影

10

報告事項

一、自本年四月份起調整電價案

說明：本公司電價自卅二年七月調整以来迄今二十一個月始獲再度調整，經過情形迭經報請本會及臨時維持委員會討論有案，現經行政院第六九五次會議決議調整辦法如後：

㈠電燈

普通電燈

級別	每安培每月用電度數	電價（元）
第一級	一〇度以下	每度三〇元

10-1

第二級 超過一○度而在二○度以下 超過度數每度五○元

第三級 超過二○度而在五○度以下 超過度數每度八○元

第四級 超過五○度 超過度數每度一二○元

特價電燈

黨政軍機關及學校電燈電價仍照原電價八折計算仍由國庫按月貼補二千萬元以資貼補

(二)電力

電價 一律每度二十三元七角(因煤價調整而浮收數)

(三)煤價調整

以上電燈電力均以重慶到廠煤價每公噸三千九百六十元為計算標準如煤價變動不及五十元時電價不再變動在五十元以上時每變動五十元電價每度隨之增減三角五分由電力監理委員會核定呈准戰時生產局核轉行政院核定備案

11

二、交通銀行透支額增為一億元案

說明：本公司前向交通銀行訂立透支二千萬元合同於本年四月廿六日滿期商准展期一年并將透支額增為一億元除交行原約二千萬元之外另由重慶中國銀行交通銀行中國農民銀行中央信託局各攤放二千萬元合成一億元期限一年月息三分四厘由交行為代表行川

康銀行為承還保證人

三、交通銀行借款一千萬元展期一年案

說明：本公司前以全部資產作抵向四聯總處借款一千萬元期限二年嗣劃歸交行单独承借先後展期二次茲又商准交行再展期一年至卅四年十二月卅一日為止月息二分八厘双方同意不另立合約僅立批註粘附原合約為憑

四、中國農民銀行改派陳勉修為本公司董事案

說明　中國農民銀行函略謂前派之本公司董事之杜梅和君業已他調所遺董事兼職改派該行渝行經理陳勉修君接任謹報

簽核

決議　請陳勉修先生代理杜梅和先生

討論事項

一、職工考績案

決議　由總經理商同董事長擬具考績辦法提下次董事会

討論

二、調整職工房貼辦公費交通費出勤津貼案

說明：查職工房貼辦公費交通費出勤津貼等原定每半年調整一次上次係於卅三年十一月依據指數（四九一三四．五）調整茲又半年應於五月份加以調整現在指數為一二三四三七．二計增加七四三〇二．七約增加百分之一百五十強比例計算應調整之數分別列表如后是否照辦敬候

公決

附表一份

職別	原支額	擬改額	決定額	附註
甲．房貼				
科長主任以上	二、〇〇〇	六、〇〇〇		
股長工程師	一、八〇〇	四、五〇〇		

科員工務員	一，〇〇〇	三，五〇〇
見習技工	一，〇〇〇	二，五〇〇
小工公役	四〇〇	一，〇〇〇

乙 辦公費

職別	原支額	擬改額	決定額	附註
總經理	九，三〇〇	三二，二五〇		
協理	七，六〇〇	一九，〇〇〇		
總工程師	五，六〇〇	一四，〇〇〇		
主任工程師 科長 秘書 稽核	四，四〇〇	一一，〇〇〇		

副科長主任	三,五〇〇	八,七五〇
股長 副股長 工程师 副工程师	二,五〇〇	六,二五〇

丙、交通費

職别	原支額	撥改額	決定額	附註
總工程师	五,一〇〇	一二,七五〇		
主任工程师 科長 视查 稽核	四,七〇〇	一一,七五〇		
副科長主任	四,四〇〇	一一,〇〇〇		
股長 副股長 工程师 副工程师		八,七五〇		

丁、各種出勤津貼

14

類別	原支額	四月份暫改支額	擬改額	決定額	附註
甲種出勤津貼膳費	二,一〇〇	三,〇〇〇	五,二五〇		
車費	二,三〇〇	三,三〇〇	五七五〇		
乙種出勤津貼膳費	二,一〇〇	三,〇〇〇	五,二五〇		
車費	一,一五〇	一,六五〇	二,八七五		
丙種出勤津貼膳費	一,五〇〇	二,一五〇	三,七五〇		
車費	一,一五〇	一,六五〇	二,八七五		
臨時出勤膳費股長以上	一六〇	二三〇	四〇〇		
科員	一三〇	一九〇、	三二五		

技工	一〇〇	一五〇	二五〇
小工	七〇	一〇〇	一七五
厰房值班津貼工務人員	一〇〇	一五〇	二五〇
技工	五〇	七五	一二五
小工	三五	五〇	八五
空襲值班津貼	一六〇	二三〇	四〇〇
值日津貼	一三〇	一九〇	三二五

決議　丁項各種出勤津貼准先照辦自六月份起實行

其餘三項連同薪津調整辦法由刘代董事長與總

協理擬具意見提付下次董事會討論

三、學徒傅彥予投効駐印軍請援智識青年從軍例予以優待案

說明：業務科用戶股學徒傅彥予於去年投効駐印軍請給安家費一案經卅三年八月廿四日臨時維持委員會第二次會議決議「補助壹萬伍仟元」茲以本年公司響應政府鼓勵智識青年志願從軍訂定優待辦法傅彥予家屬請由電力廠產業工會轉請公司援例待遇准予留職給薪應否照准敬候

公決

決議　准照智識青年志願從軍優待辦法辦理[illegible]同[illegible]補助之壹萬五千元。

主席

16

重庆电力股份有限公司临时董事会议纪录

時間：卅四年六月十三日下午三時

地點：本公司會議廳

出席

陳懋修 張季度（代） 孫孝職 劉航琛 寧芷邨 周季悔 傅心雜

石竹轩
唐心如 甫代
胡仲实 程代
徐广迟 刘毅之代
刘毅之
刘航琛

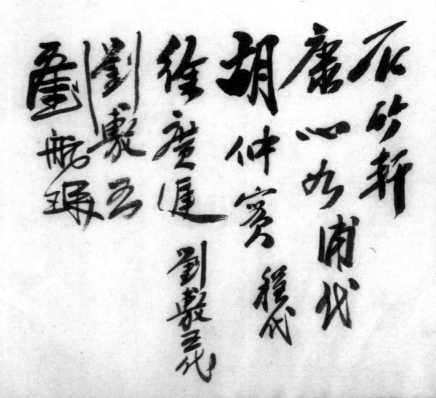

17

主席 劉代董事長

紀錄 張君鼎

討論事項

一 美國租借一千瓩發電設備五套應裝設大後方電廠案

浦總經理說明 戰時生產局近擬將由美內運之一千瓩發電機計兵工署三套航委會二套共五套已有一部份運抵印度及昆明現因需要迫切已由生產局商得兵工署及航委會之同意與資源委員會另行申請者互調將此五套先交該會接收並擬集資肆億元資委會認二分之一仍邀請本

公司及中央两行参加投資再貸款六億元組織渝江電力公司在大渡口設廠定本月十四日即明日開籌備會議查此五套設備本公司大溪溝廠有現成廠房可以容納起水冷水線路及其他設備等亦毋須另建如在大渡口設新廠則不但廠內須全部新建且須添設遥遠之輸電線路建設費用相差甚大建設時間須多半年且現在電力不敷之情勢已至非常嚴重之程度急待解決而大渡口附近所產之煤亦不敷供應如仍由小河轉江則增加費用及因距由大渡口輸電至用電區甚輸電之損失亦甚鉅為爭取時間平衡供求適應抗戰節省

費用及減低發電成本起見此五套機爐先宜在大溪溝電廠安裝以日開會完應如何表示敬請

討論

決議　請劉代董事長浦總經理于被邀出席籌備會議時說明（一）為減少供電損失（二）為節省建設經費（三）為節省建設時間計此項每套一千瓩之機爐五套應設于大溪溝本公司第一廠（此項機器為臨時補充電量之辦法並非根本計劃更不宜多所浪費）（四）為節省管理費用以減輕用戶負担祇能在重慶供電區域內設置一個電力公司（五）本公司在八年抗戰期中股東

忍受一切損失員工冒一切危難為政府素所深知應請政府將此
五套發電設備交由本公司收買不必另設公司以資接理力爭仍
不獲請則應請政府將本公司之一萬一千瓩予以收購以示見納
再分呈有關機關及民意機構請予主持正義

二 職工考績案

浦總經理說明 上次董事會議討論職工考績案及有關各項
決議由總經理協理商同劉代董事長擬具細則提會現已商
得細則如下

（一）本公司已有十餘年之歷史職員薪資逐漸遞加有已超過原定

薪級者應予修訂俾符實際（附修正薪級表）

（二）三十二、三年兩年度考績擬合併辦理除總工程師科長秘書稽核主任等高級職員另行考績如附表外其他職工之考績擬規定凡服務滿兩年者最高可得二百分在一百六十分以上者晉四級一百二十分以上者晉二級不及一百二十分者不加凡服務滿一年者最高可得一百分在八十分以上者晉二級六十分以上者晉一級不及六十分者不加職員照薪級表辦理工友照下列標準辦理

領工及技工　每級二角

幫工及小工頭　每級一角五分

197

小工　每级一角

学徒　每级五分

（三）职员已达最高薪级者不再晋级照第二项办理及薪级表数额加支奖励金其增加奖励金照去年十二月份生活指数计算在本年度内按月支给不再调整

（四）凡工薪资超过三百元以上者其增加薪自三百〇一元至四百元按九折计算自四百〇一元至五百元按八折计算五百〇一元至六百元按七折计算以下类推自七月份起实行

决议　通过总经理协理已达最高薪级每月各支奖励金二百元

照第三项办理其他员工已达最高薪级者由总协理考绩时照办所有职工考绩加薪均自本年一月一日起支

三 调整职工房贴办公费交通费案

浦总经理说明 本公司职工房贴办公费交通费等提经上次董事会议决「由刘代董事长与总经理拟具意见提下次董事会讨论」等语查董事会原有每半年依照指数调整一次之决议三十二年十二月份三十三年五月份及十一月份均照案提会通过现又已半年似应予以调整上次指数为四九一三四·五现在指数增至一二三四三七·二计增加七四三〇二·七约增加百分

之一百五十強比例計算應調整各數分別列表如後是否照辦敬請討論

甲 房貼

職別	原支額	擬改額	決定額	附註
科長主任以下	二、四〇〇	六、〇〇〇		
股長工程師	一、八〇〇	四、五〇〇		
科員工務員	一、四〇〇	三、五〇〇		
見習技工	一、〇〇〇	二、五〇〇		

21

小工公役 四〇〇 一,〇〇〇

乙 辦公費

職別	原支額	擬改額	決定額	附註
總經理	九,三〇〇	二三,二五〇		
協理	七,六〇〇	一九,〇〇〇		
總工程師	五,六〇〇	一四,〇〇〇		
主任工程師 科長 秘書 稽核	四,四〇〇	一一,〇〇〇		
副科長 主任	三,五〇〇	八,七五〇		
股長 副股長 工程師 副工程師	二,五〇〇	六,二五〇		

丙　交通費

職別	原支額	擬改額	決定額	附註
總工程師	五、一〇〇	一二、七五〇		
主任工程師 科長 秘書 稽核	四、七〇〇	一一、七五〇		
副科長 主任	四、四〇〇	一一、〇〇〇		
股長 副股長 工程師 副工程師		八、七五〇		

決議　照所擬數額通過自本年七月份起實行支有交通費者不得併支出勤津貼中之車費

22

主席 劉航琛

重慶電力公司第八十七次董事會紀錄

時間：三十四年七月二十日下午三時

地點：本公司會議廳

出席人

劉航琛

康心如　康心遠代

陳勉修　王周澤代

浦心雄
徐蒼遲　刘毅之代
刘毅之
程本臧
宁芷邨
满名岳　傅友周代
傅友周

主席 浦心雅

纪録 張君鼎

報告事項

一、報告一至三月份會计月報案

决議 查閱表報無訛存查

二、政府核撥五個一千瓩電機装置地點接洽經過案

浦總經理報告 六月十三日臨時董事會議推劉代董事長及本人出席六月十六日生產局召開之渝江電力公司業務會議屆時與劉代董事長進邀前往出席即根據董會

決議力爭結果由翁局長指定本人與潘銘新錢昌照二先生再行會同研究究應裝置何處以作轉圜潘往市郊錢適離滬未能會洽由本公司擬具意見送局現商局已打銷另組公司之議惟五部電機中又有撥天廚公司一部之說並商略五千瓩電機僅二千瓩為一套三千瓩又為一套有劃撥二千瓩之議政府約定日內會商當再據理力爭

三、本公司三十二三年度營業稅案

說明　查本公司三十二三年兩年度應繳營業稅共計一千七百餘萬元迭經電呈主管當局豁免奉行政院秘書處函以奉

案經呈奉院長諭「所請免征營業税未便照准，惟該公司欠繳三十二、三兩年度營業税姑准全數作為政府增加該公司各該年度之特别補助費支出轉賬，自三十四年度起，其應納之營業税款，應由該公司按月繳庫，否則在政府撥發該公司補助費項下按月照數劃抵」等語，旋接東川税務管理局通知本年一、二、三月份應納税額為五百六十萬元，現在收支日鉅，照目下營業税額每月須達一千數百萬元，業經電請生産局時陳在抗戰結束以前暫予准照國營電廠免征，或將應納税額按月加入煤價調整費，俾可如期照繳矣

討論事項

一、請准四聯總處指定行局貼現二億元案

說明　查近來物價仍時波動，尤以電料器材及機器用油等為甚，戰前月祇數萬元者，現在已月需一億餘元，且須另處搜購，有貨即買，否則立可青黃不接；又戰前燃煤每月祇須數萬元，現亦已需每月一億三四千萬元，而應收電費每不能如期收到，且照例須先用一個月而後付值，近以調整電價，耽誤收費，用戶以為未知電價調整經過而遲付，亦有藉此故意延遲也，致應收未收電費積累至五億餘元之鉅，現值機關與公司行號等縮

26

短縮公時間每月收費之時間亦從而減少數目既難週轉越難而燃煤與器材等應付之款又刻不容緩煤款且須預付如向各行局臨時之通融又必須經四聯總處核准之手續事實上緩不濟急不得已乃向四聯總處請求援照酒精商等辦法指定行局准以本公司應付煤商或器材行號等所出之票由本公司承兌准作一二個月期短期之貼現現已邀允准二億元請由出席局具函保證敬請

討論

決議　由經理部依照辦

二、職工投保人事保險及修改職工保證規則案

說明　本公司對於辦理會計經管物品及傳遞現金票據之工友其保證之資格為(一)殷實商號工廠(二)工商實業界有信譽之人士與其他職員之保證原有不同茲為更求周密審慎起見上項職工加保人事保險出納職員每人保額定為二百萬元收費及庶務職員每人為一百萬元購置職員為五十萬元材料職員為二十萬元工友為十萬元保費率為百分之二及百分之二·五因職務不同而有差別保費由公司及職工各半負担職工應付保費由公司一次代繳於薪津內勻分十二個月

扣還自本年七月份起實行又本會准許職工投保則職工保證規則第二條應即修訂究應如何辦理該條

公決

附職工保證規則第二條

第二條　辦理會計經管物品及有關現金出納之職員保證物品及傳遞現金票據之工友其保證人之資格如左

一、殷實商號工廠

二、工商實業界有信譽之人士

附修正文草案

本條所定職工應加投人事保險每人投保金額由經理室決定之應付保費由公司與職工各半負担職工應付保費由公司一次代繳於薪俸內分十二個月扣還

決議　照擬條文照修正

三、重慶電車公司請求投資案

說明　重慶士紳汪代璽等發起組設重慶電車公司擬先設兩回街至精神堡壘地下有軌電車工程費約需美金五萬一千餘元國幣一億七千三百餘萬元及坐龍門至菜園壩無軌電車工程費約美金一十三萬六千餘元國幣約三億元發電

厰車場及站屋設備工程費約需美金一十二萬七千餘元，國幣九千餘萬元。由望龍門經陝西街沿嘉陵江南岸至曾家岩綫，俟綫路打通再行籌建。該公司籌備處請求本公司投資，應否入股，敬請

討論

決議　請經理部份先行接洽，俟該公司有具體辦法後再提會討論

四、修改本公司卹養規則案

說明　查職工卹養規則第二條「職工服務一年以上而在職死

亡時除按其最後二個月薪工額發給喪葬費外並依下列標準按給撫卹金……」又第十五條「在非常時間各項卹養金及喪葬費除按薪工額計算外並將其最後所領各項補助津貼之半數合併計算依照上兩條所載職工在職死亡時所領其最後本薪工兩月及各項津貼一月依據五月份公司發放薪工津貼指數薪工附加為一百五十七倍職員級之津貼為四萬六千八百九十六元見習技工級津貼為四萬零零六元小工公役級津貼為二萬九千五百七十五元以目前物價衡量此兩月薪工一月津貼之合計數實不足以辦理最簡單之喪

29

奖事务最近死亡之李文焕其所耗费用已超出规定甚多

核销太感困难实以近来物价与前日董会决定时又上涨甚

多此项规定亟应予以修正以资顾及事实而免办理与核销

时之困难拟将第二条之……除按其最后二个月薪工额……修

改为……除按其最后四个月薪工额……以较现行者增加倍

薪工津贴似此可以顾及事实减少困难应否修改敬请

讨论

决议　条文不修改由经理部依斟酌核给丧葬费至多以四个

月薪工兩個月津貼為限

主席 周心號

重庆电力股份有限公司临时董事会议纪录（一九四六年四月二日） 0219-2-156

14

[illegible]四月九日

發文電字第5531號

重慶電力公司臨時董事會議紀錄

時間 三十五年四月二日下午三時

地點 本公司會議廳

出席 趙雨圃 石體元 劉敷五 浦心雅 陳子堅代 段育華

傅友周 劉航深 程本臧 伍劍若 周見三 康心如見三代

列席 吳總工程師錫瀛

劉主任秘書正華

黃科長大庸

張科長儒修

劉科長靜之

主席 劉董事長

紀錄 張君鼎

二、討論事項

一、加撥職工福利基金貳億之案

劉董事長說明：本公司職工於三月十二日提出請求調整待遇七項：(一)增加米貼為一石；(二)增加房貼百分之二；(三)增加一般津貼之基數為百分之二百；(四)發給救濟金額三个月；(五)職工三十四年考績提前發表；(六)一、二、三項辦法自本年一月份起算；(七)各項請求請於三月二十二日前具体答復。

三月二十三日召集職工代表談話，口頭答復要求各點：(一)以往本公司全体職工每月可得平價米六百一十三石，是項平價米已停發，不免影響職工生活，擬提董事會除原有米貼四斗外，准照原有平價米數額平均加給米貼；(二)房貼原係比照國家銀行規定辦理，准照國家銀行例予以調整；(三)就現支一般津貼金額及所用生活指數，回算三十六年一般津貼基數，以後即以生活指數減一乘基數，即為一般津貼金額；生活指數應仍採政府所編製者，但可合理修改指數計算方法，選擇與本公司員工生活有關之物品及合理比例計算指數為依據，此点擬請董事會准加撥

14

職工福利基金式億元以月息三分計算交福利委員會運用
年終盈餘按照職工共計工額分配於職工之四救濟金應向政府
請求公司可為轉呈四卅四年度救債定于四月十五日以前安
決第一項自手債未停發之日起第二項自決定調整之月起
第三項自四月份起以上所擬一二三項辦法是否有當敬請
討論
再加撥福利基金二億元之保須向國家銀行商借希望各董
監幫忙為免職工懷疑起見擬由公司保息至本年終了盈餘
如不滿三億元由公司補足之併請
討論
決議 第一項照所擬辦理
第二項照現在所支房貼以現在指數算出基金數以後按

月照指數調整

第三項 照所擬辦理請代董事長負責商借并代職

之經營

二、技工津貼改照職員待遇案

說明 本公司之一般津貼計分為三種 甲職員基數為一一六之 乙技工見習基數為一〇〇之 丙小工基數為七五之 現技工請求改照職員待遇 查平日技工所得月資較職員為高者甚多 所請似尚合理 且人數不多 增加開支有限 擬自四月份起技工改照職員支給一般津貼 再技工之房貼、出勤津貼及值班津貼等亦擬同時照職員待遇 是否有當 敬請 公決

決議 照辦

三、明定工人之資薪等級表案

說明 本公司工友日資尚無等級表之規定 以往每年考績加資均提請董事會臨時核定 茲擬定三十〇年度考績加資辦法并擬定各廠當局之規定 由經理部份擬具工資等級表於下次會議提出核議 是否有當 敬請

14-2

討論

附三十の年度工人攷績办法

分数	级数	技工	帮工	小工	學徒
八十分以上	三級	加九角	六角	四角五分	三角
七十分以上	二級	加六角	四角	三角	二角
六十分以上	一級	加三角	二角	一角五分	一角
六十分以下		不加	不加	不加	不加
五十分	開除				

附注 技工每級爲三角 帮工二角 小工一角五分 学徒一角

決議 照办

四 三十の年度員工攷績案

說明 三十の年度員工攷績办法業经本會第九十二次會議通過在案正由經理部份遵照辦理中惟從協理孫

績須由董事會決定又職員已達最高薪級者是否仍照給超級津貼可否一次發給敬請

討論

決議 總協理之薪績由董事長決定職員已達最高薪級者仍給超級津貼並仍分月發給

五 產業公會請求補助經費案

說明 本公司產業工會之經常開支以往公司自動酌量補助三十四年度按月補助一萬三千二百五十元現該會以每月不敷五十七萬七千二百元請求公司酌量補助百分之二三十五

何如辦理敬請

討論

決議 由董事長核辦

六 吳克斌余克櫻劉擇民孫增榮請核給退職金案

說明 本公司主任工程師兼稽核科副科長吳克斌業務科副科長余克櫻技工張增榮均在本公司籌備期間即來服務任職均在十二年以上第三廠主任劉擇民於廿八年三月到職服务亦已六年有餘現均辭職請

14-3

給退職金前未查本公司職工卹養規則第十二條及第十五條規定「職工服務十年以上年逾五十精力衰不堪任事或年齡未逾五十而身體衰弱不堪任事且有勞績者在自請退職或由公司令其退職時得依下列標準一次核給退職金」即服務滿十年者給二十個月之最後一個月之薪工與附加薪工額及十個月之最後所得津貼以後每多一年加給一個月之薪工與附薪工額及半個月之津貼查吳克斌余克稷張費榮三人雖未年逾五十但對於公司均有相當勞績可否核給退職金再劉主任擇民雖服務未滿十年亦不無勞績可否特別核給併請

討論

決議 吳克斌、余克樓、張增榮准照郵資規則第十二條標準之七折發給退職金，劉軍民服務未滿十年，應毋庸議

臨時動議事項

一、請按每月收入總額攤提壞賬損失準備金百分之五案

說明 抗戰勝利以來商業倒閉者甚多，無法收取之電費實屬不少，擬請按每月收入總額攤提壞賬損失準備金百分之五，是否有當，敬請

討論

決議 通過

二、固定資產之折舊準備擬請照原定比率提高五十倍討論案

說明 本公司歷年所提折舊準備僅有一千六百餘萬元，不敷重置之需，擬請提高折舊準備照原比率增加五十倍，是否有當，敬請

討論

決議 通過

主席 劉毅深

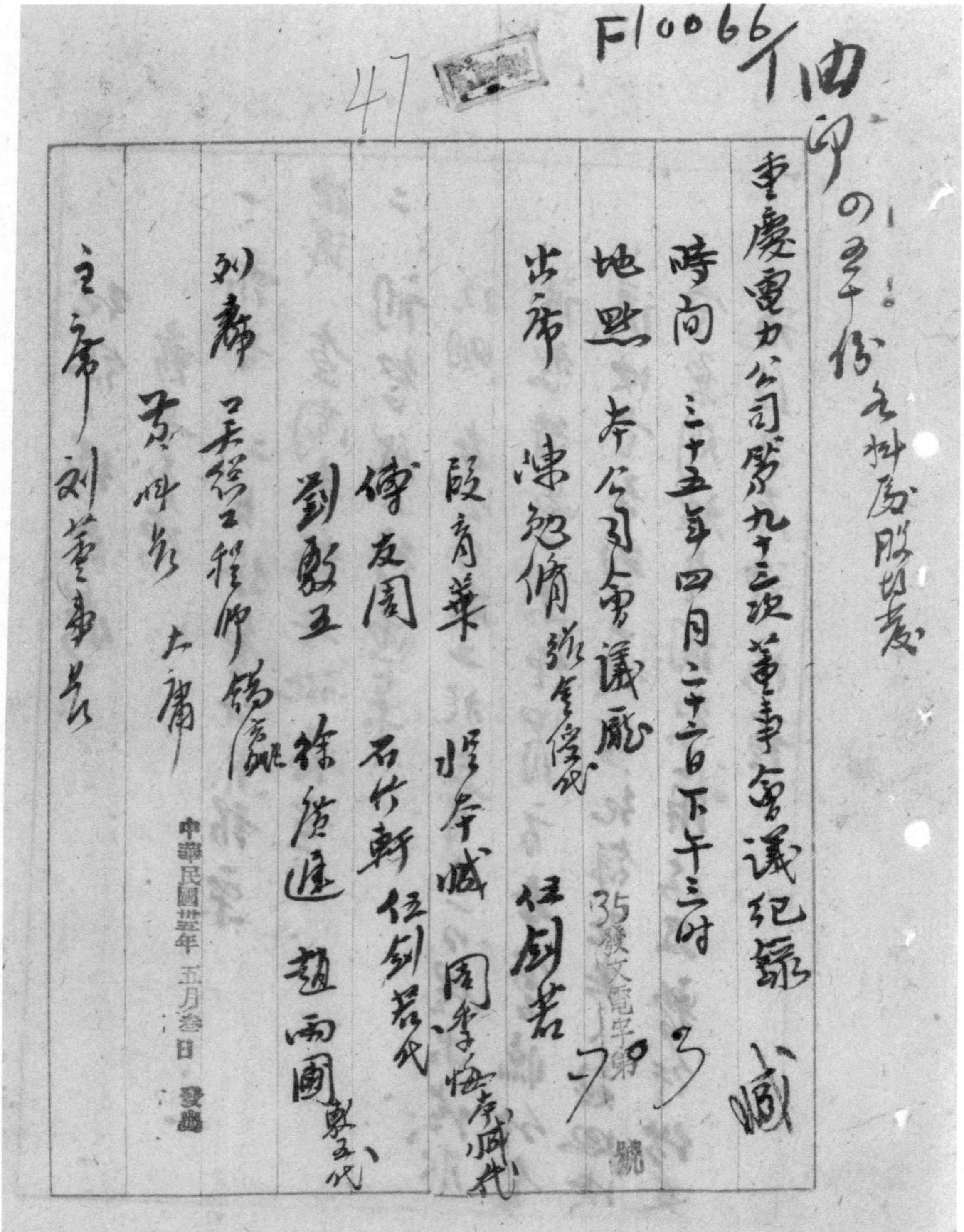
F10066
47
重慶電力公司第九十三次董事會議紀錄
時間 三十五年四月二十二日下午三時
地點 本公司會議廳
出席 陳勉修 張重信代 任劍若
段育華 浦心雅 周季悔 康心遠代
傅友周 石竹軒 任劍若代
劉敷五 徐廣遲 趙雨圖 劉敷五代
列席 吳總工程師錫瀛
黃□□ 大庸
主席 劉董事長
中華民國卅五年五月卅日 發出
35 發文電字第 號

重庆电力股份有限公司第九十三次董事会议纪录（一九四六年四月二十二日） 0219-2-156

47-1

紀錄報告

報告事項

一、報告一二月份會計月報案

決議：查閱表報無訛存查

二、調整職工待遇案

說明：本公司職工於三月十二日提出請求調整待遇一案，經四月首本會臨時會議決定原則三項，並紀錄在卷，茲照決定原則核定調整辦法及暫行借支辦法各份請核議

48

備考

一、米貼

照上次董事會決議將原訂之每月平價米六百一十二石平均加給各職工每人得四斗，連原有米貼共為八斗，自本年元月份起，交折每斗價以一千二百元發給現金。

二、房貼

自以民國三十四年十二月份調整后之房貼數字，除以當時持股為房貼基數，即按以上為五、五〇元，股息為四、五〇元

487

科員技工為三、五〇〇元見習為二、五〇〇元小工公役為一、〇〇〇元

B、房貼除照一般津貼計算隨生活指數之增減而增減

三、一般津貼

A、以現付津貼數字除以指數為一般津貼之基數即科員技工為二、三五〇元見習為二、〇〇〇元 小工公役為一、五〇〇元

B、一般津貼之計算隨生活指數之增減而增減

49

七、前项生活指数，系以市价计算之生活指数为标准，照市价指数未产生以前，暂照下列办法办理：

（1）一般津贴暂时仍按中央调查统计局特种经济调查处之物价指数计算。

（2）物价发生剧烈涨跌时得预借或预拨补同项涨跌之物价，以物价指数表上米类一米一项为标准，如涨跌至五百倍时，得预借或预拨现照米类一米之市价每斗为二千四百元，而指数表所列三十五年

41-1

百份債标為一千三百元　相差一千一百元
已超過五百倍　本月份借支額暫以
百分之八十為限　惟借款來源福利
基金利息一千五百万元在内措撥
調整後再為分配
四　救濟費
月福利基金二億元原係息三億元惟院
經借支存于前案已得決定須俟時繳
五　所餘月數係息
六　由職工另文呈請公司轉請政府核發

50

经核请查：

五、实行日期

二三两项自本年四月份起实行

决议 照予备查

主席 刘〇〇

航琛 四、廿

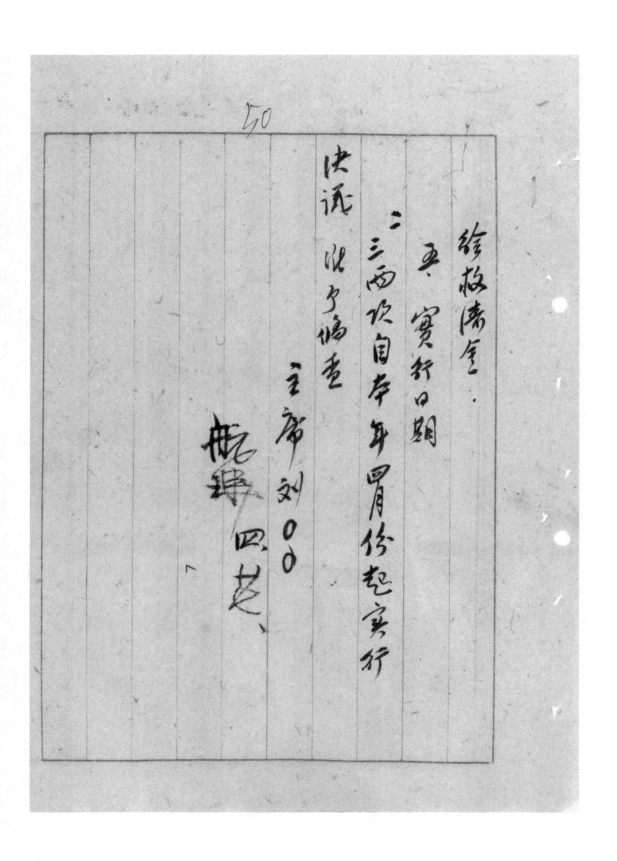

F10066/1

61

閱 英

重慶電力公司第九十四次董事會議紀錄

時間 三十五年五月二十日下午三時

地點 本公司會議廳

出席 浦心雅 徐[illegible]代 劉敷五 傅友周

徐廣遲（劉敷五代） 潘本臧

趙雨圃 顧育華

周見三 康心如（周見三代）

劉航琛（本臧代） 周季悔

袁炳文（張會緩代）

主席 周見三

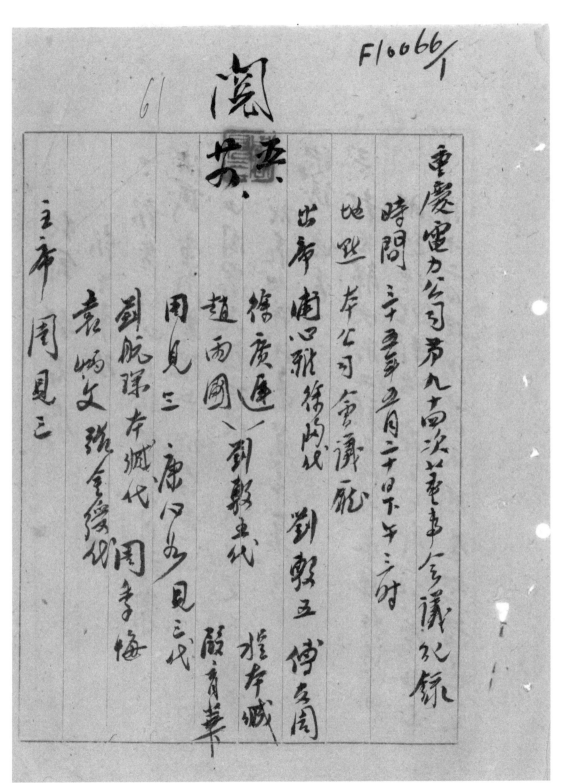

先后提请四月六日本会临时会议

及四月二十六日本会第九十三次会议

讨论结果自三月起本公司所用

该局所编制之物价指数三月份最新

单即照该项指数计算五月份薪俸

照三月份指数暂发今后于当月

表册未到时照已到表册发放其

月表到时多退少补一般单位照

指数表数字除未计算四月份

以后米贴照上月份平均中额米

優貸處

決議照案辦理

討論事項

一、職工投保團体人壽傷害保險每人保額一十萬元保費由公司與福利社各負担半數案

資料存說明　中央信託局举办團体人壽傷害保險請求本公司全体職工投保曾經本會決議照保現擬為每一員工平均投保團體一十萬元

67

保费每人每年为二千六百九十元，由公司及福利社各负担一半，以一千二百五十人计算，公司每年应负担保费一百六十六万一千二百五十元，应否投保，敬请

讨论

决议：照保

主席　周〇〇

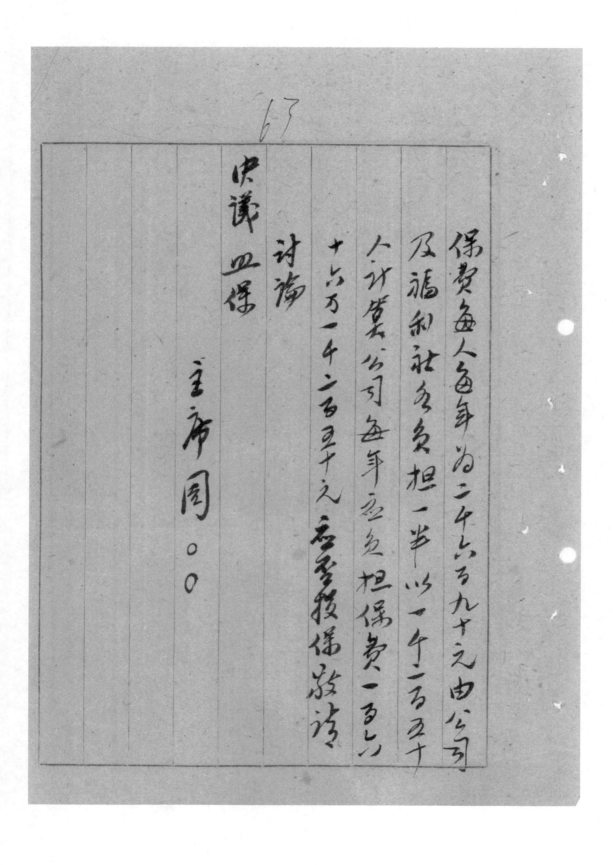